*» Das Herz des Menschen ist sehr ähnlich wie das Meer,
es hat seine Stürme, es hat seine Gezeiten und
in seinen Tiefen hat es auch seine Perlen. «*

Vincent van Gogh

AXEL ELLERHORST
AXEL PINCK

Sagenhafte NORDSEE

EINE REISE ZU MYTHISCHEN ORTEN
UND LANDSCHAFTEN
AN DEUTSCHLANDS KÜSTE

FREDERKING&THALER

Inhalt

40 JAHRE
SPEICHER HUSUM
Husumer
Speicher

HEFTIGER WIND treibt Schwaden von feinkörnigem Sand über den Strand von Schillig in Wangerland.

Im Land der Friesen

Von Winden und Wasser geprägt

Ein weiter Horizont über Land und Meer. Die Leere des hellblauen oder grauen Himmels, über den Wolken schnell dahinziehen. Eine meist bewegte, zuweilen stürmische See. Eine raue Landschaft mit windschiefen Bäumen und sattem Grün der Marschwiesen. Nicht zu vergessen die hellen Sandstrände auf den der Küste vorgelagerten Inseln. Friesland hat seine ganz besonderen Reize. Zu denen gehören auch friesische Sprache und Kultur, die sowohl in Nord- als auch in Ostfriesland gepflegt werden.

Die Eiszeiten der vergangenen zwei Millionen Jahre begruben auch weite Teile Norddeutschlands mehrmals unter einem massiven Eispanzer. Während der Weichsel-Eiszeit, der letzten großen Vereisungsperiode in Nordeuropa, reichten die Gletscher bis zum heutigen Flensburg und dem Norden von Hamburg. Ungeheure Mengen an Wasser waren im Eis gebunden und so lag der Meeresspiegel deutlich niedriger als heute. Es wäre vor 13000 Jahren sogar möglich gewesen, von den heutigen Niederlanden die Britischen Inseln trockenen Fußes zu erreichen.

Immer wieder besiedelten in den letzten 1500 Jahren verschiedene Völkerstämme Inseln und Nordseeküste: Angeln, Sachsen, Wenden, Jüten, Wikinger, Dänen und Friesen wanderten ein oder eroberten das Land. Viele zogen weiter, andere wurden von Neuankömmlingen vertrieben. Um 500 v. Chr. zogen Friesen aus dem südlichen Skandinavien nach Süden an die Nordseeküste, später kolonisierten sie ein Gebiet vom dänischen Südjütland bis nach Brügge im heutigen Flandern. Der von ihnen besiedelte Küstenstreifen reichte bis an die Weser. Erst im Lauf des 8. Jahrhunderts konnten die christlichen Frankenherrscher große Gebiete der heidnischen Friesen unterwerfen, denen der nordische Götterhimmel näher war als der allmächtige christliche Herrgott.

»Friesische Freiheit«

Um die Jahrtausendwende begannen die Friesen Deiche zu bauen, die ihnen größeren Schutz gegen die oft verheerenden Fluten der Nordsee bieten sollten. Bis dahin siedelten sie überwiegend auf künstlichen Wohnhügeln, Warften oder Wurten genannt, die bei Sturmfluten seltener überschwemmt wurden. Der Deichbau – als gemeinschaftliche Aufgabe zum Nutzen aller – gründete auf Gleichheit und Freiheit, mit deutlich geringeren Standesunterschieden als in den Feudalgesellschaften der Zeit. Die »Friesische Freiheit«, mit ausgeprägtem Stammesbewusstsein und einem losen Verbund von Bauernrepubliken entlang der Nordseeküste, erwies sich lange als äußerst widerstandsfähig gegen die Übernahmeversuche adliger Herrscher aus Nord-

deutschland. Auch nachdem es mächtigen friesischen Familien gelungen war, sich zu Häuptlingen aufzuschwingen, deren Territorien später in das deutsche Kaiserreich integriert wurden, blieb ein friesisches Eigenleben in wichtigen Teilen erhalten.

Zur Kultur Frieslands gehört auch ein ganz eigener Kosmos von Sagen und Legenden, Geschichten und Märchen. Riesen, Zwerge, Untote, Naturgötter, Verfluchte und Gesegnete bevölkern die Küstenlandschaft entlang der Nordsee, zumindest in der Überlieferung und den Köpfen der Menschen. Unerklärliche Naturphänomene fanden so eine unheimlich einleuchtende Erklärung, ebenso wie Überreste prähistorischer Siedlungen und Grabstätten. Kreative Fantasie von Heimatdichtern schmückte viele Geschichten weiter aus oder schuf neue Gestalten wie den Hörnumer Fischer Pidder Lüng, der den arroganten Sprössling des dänischen Stadthalters auf Sylt angeblich in einem Topf mit kochend heißem Grünkohl erstickt haben soll.

Es wundert nicht, dass dieser Landstrich knorrige Typen, Frauen und Männer, selbstsicher und mit eigenem Kopf, hervorgebracht hat. Mit Selbstbewusstsein für die eigene Kultur und einem Sinn für persönliche Freiheit. Gut jeder zehnte Bewohner der Nordseeküstenregion samt der Inseln versteht sich auch heute als Friese.

EINSAM Lichtsignale vom Leuchtturm in Amrums Süden schützen die Schiffe vor gefährlichen Untiefen.

Lange, breite Sandstrände mit dahinter liegendem Dünenwall grenzen die Friesischen Inseln zur Nordsee im Westen ab. Sie sind zu allen Jahreszeiten Ziel von erholungsuchenden Urlaubern. Doch der Ausläufer des Nordatlantiks kann besonders im Herbst und Winter auch wild und stürmisch sein. Immer wieder haben gewaltige Wogen und orkanartige Stürme Schiffe zum Kentern gebracht und die Bewohner der Inseln und der Küstenorte durch Sturmfluten bedroht.

Lange bevor die Vokabel »Tsunami« in Europa bekannt wurde, haben riesige, »Seebären« genannte Wellenberge immer wieder entlang der Nordseeküste Zerstörungen angerichtet und großes Verderben gebracht.

Geheimnisvoller Lebensraum zwischen Land und Meer

Die nord- und ostfriesischen Inseln sind vom Wattenmeer umgeben. Dabei reicht das nur flache, bei Ebbe trocken fallende Meer des Festlandssockels weit über die schleswig-holsteinische und niedersächsische Nordseeküste hinaus und zieht sich – mit einer Breite zwischen vier und dreißig Kilometern – vom dänischen Esbjerg 450 Kilometer nach Süden, bis zur niederländischen Insel Texel. In Nordfriesland verteilen sich zwischen den großen Inseln wie Sylt, Föhr oder Nordstrand die flachen und oft nur von wenigen Menschen auf Warften bewohnten Halligen wie grüne Tupfer im Meer. Bei Sturmfluten ragen nur noch die Häuser aus der wilden See.

Die oft küstennahen Salzwiesen, regelmäßig vom Meer überflutet, grenzen das Festland vom Wattenmeer ab. Hier und auf den Deichen grasen Tausende von Schafen. Sie geben Wolle und Fleisch, festigen mit ihren Tritten die Grasnarbe, halten das Gras kurz und leisten so ganz nebenbei einen wichtigen Beitrag zum Deichschutz. Hinter den Deichen erstrecken sich flache Marschen mit Weiden und Äckern, oft aus Anschwemmungen und Meeresablagerungen entstanden.

HOCHWASSER mit starken Westwinden lassen den Pegel an der Küste wie hier bei Schillig bedenklich ansteigen. FÜR FARBTUPFER entlang der Nordseeküste sorgt der auch Meerlavendel genannte Strandflieder. Mit dem Flieder oder Lavendel verbinden ihn nur die Farbe der Blüten. ▽▽

Im Frühjahr und im Herbst kann sich zuweilen der Himmel verdunkeln, wenn Hunderttausende fliegender Nomaden, riesige Scharen von Zugvögeln auf dem Weg in den warmen winterlichen Süden oder in den sommerlichen arktischen Norden den Feuchtgebieten, Marschwiesen und abgeernteten Getreidefeldern einen Besuch abstatten. Ein gewaltiges Spektakel auch für Besucher, für die Langstreckenflieger aber ein willkommener Zwischenstopp an der Nordseeküste, um eine Pause einzulegen und neue Energie zu tanken.

Keine andere natürliche Kraft hat Nordseeinsel und Küste so nachhaltig geprägt und verändert wie das Wasser und vor allem die im Winterhalbjahr immer wieder hereinbrechenden Sturmfluten. Inzwischen schützen massive Deichanlagen Inseln, Küsten und das dahinter liegende Land, eine absolute Sicherheit garantieren sie dennoch nicht.

Das Kommen und Gehen der riesigen Wassermassen, die jeden Tag auf geheimnisvolle Weise zweimal steigen und sinken, hat seinen Ursprung in den kosmischen Anziehungskräften von Mond und Sonne, der Drehung der Erde und der Trägheit, mit der das Wasser der Ozeane auf die Anziehungskräfte reagiert. Früher aber hatten die Menschen eine einfachere, auch sehr einleuchtende Erklärung: Ein auf dem Meeresgrund schlafender Riese atmet sechs Stunden tief ein und zieht das Wasser in seine Lungen, danach atmet er dieselbe Zeit wieder aus und drückt das auflaufende Wasser als Flut auf die Küste zu. Niest oder hustet er, wird's gefährlich, eine Sturmflut mit peitschenden Wogen und stark ansteigendem Wasserpegel ist die Folge.

»*Möwen sah um einen Felsen kreisen*
Ich in unermüdlich gleichen Gleisen,
Auf gespannter Schwinge schweben bleibend,
Eine schimmernd weiße Bahn beschreibend,
Und zugleich in grünem Meeresspiegel
Sah ich um die selben Felsenspitzen
Eine helle Jagd gestreckter Flügel
Unermüdlich durch die Tiefe blitzen.«

Conrad Ferdinand Meyer:
Möwenflug

SCHARFE SCHNÄBEL und virtuose Flugkünste machen Möwen zu erfolgreichen Raubvögeln entlang der Nordseeküste.

NORDFRIESISCHE INSELN
HALLIGEN UND HELGOLAND

N
W
E
S

MENSCHENLEER In der Naturlandschaft am Ellenbogen von List auf Sylt sind nur wenige Menschen zu finden.

Sagenhafte Inselwelt

Die Inseln, Halligen und Sandbänke vor der Nordseeküste von Schleswig-Holstein bilden eine eigene Welt. Alle sechs Stunden zieht sich das Wasser zurück, um dann wieder auf den alten Pegel anzusteigen. Der Tidenhub zwischen Ebbe und Flut beträgt bis zu drei Metern und bei Niedrigwasser fallen weite Gebiete vor der Küste trocken. Diese geheimnisvolle amphibische Wattlandschaft, die sich bis zum dänischen Esbjerg im Norden und dem niederländischen Den Helder im Süden hinzieht, wird als Nationalpark und Weltnaturerbe der UNESCO geschützt. Wehe den Wanderern, die eine Wattwanderung planen und sich nicht vorher genau über die Tidezeiten informieren. Ihnen droht der nasse Tod in der aufkommenden Flut.

Die Landschaft und ihre Bewohner sind übervoll von Anekdoten, Geschichten und Sagen. Die mächtigen und nicht selten unheimlichen Naturgewalten, dazu die Abenteuer und Geschichten der Seefahrer boten reichlich Stoff. Hinzu kamen geheimnisvolle Zeugen untergegangener Kulturen, wie die Steinzeitgräber und Hunderte von Bronze- und Eisenzeit-Grabstätten auf Sylt oder die Überreste von Burgwällen bei Tinnum auf Sylt oder Borgsum auf Föhr.

Die Konfrontation des Christentums mit den friesischen Bewohnern, die dem vielgestaltigen nordischen Götterhimmel lange nachhingen, auch Erzählungen von Strandräubern an der Küste von Sylt oder Amrum sowie die drastischen Auseinandersetzungen der freiheitsliebenden Inselbewohner gegen die dänische Obrigkeit lieferten immer neuen Stoff für Geschichten, die im Lauf der Zeit gerne ausgeschmückt wurden.

Inselbesucher, die nach Sylt mit der Bahn anreisen, begrüßt schon am Bahnhofsvorplatz von Westerland ein eigenartiges Empfangskomitee. Die überlebensgroßen, giftgrünen *Reisende Riesen im Wind* stehen barfuß und mit wehenden Haaren, offenbar von einem kräftigen Westwind bedrängt, der sogar die umstehenden Laternen schief drückt. Die nicht unumstrittene Plastik des Bildhauers Martin Wolke hat sich in gut 20 Jahren zu einem Wahrzeichen von Sylt entwickelt. Man mag sie als provozierenden Versuch interpretieren, die Sagenwelt der Insel von Zwergen und Riesen mit ihrer Gegenwart als Urlaubsziel Hunderttausender zu verbinden.

Namenlose Tote auf Sylt

Wer Sylt nur mit Sonne, Sand, Bars und Restaurants gleichsetzt, greift bei der Vielfalt der – knapp 40 Kilometer langen und zwischen wenigen Hundert Metern und gut zwölf Kilometer breiten – Insel ohnehin zu kurz. Beim Ellenbogen, noch nördlich von List, geben zwei Leuchttürme den Schiffen helle Zeichen. Das tückische Lister Tief und das Rømø-Tief, mit Strömungen zwischen

Sylt und dem dänischen Rømø, brachten einst nicht wenigen Schiffen und ihren Besatzungen Verderben. In früheren Jahrhunderten, wenn Segelschiffe und Fischerboote in schwere See gerieten, forderte der Blanke Hans seinen Tribut. Mancher Seemann ging über Bord, und erst Tage oder Wochen später spie die Nordsee die ertrunkenen Männer wieder aus.

Um den unbekannten Ertrunkenen ein christliches Begräbnis zu ermöglichen, ließ der Sylter Stranddirektor Wulf Hansen Decker 1854 einen »Friedhof für Heimatlose« anlegen – direkt hinter der Dünenkette im Süden von Westerland. Eine Gedenktafel dokumentiert, dass der erste unbekannte tote Seemann hier am 4. Oktober 1855 beigesetzt wurde. Er war am Tag zuvor am Strand von Westerland angeschwemmt worden. Rund 50 Jahre später wurde der letzte Unbekannte an diesem Ort bestattet. Auf den schlichten Holzkreuzen für die 23 Toten vom Westerländer Strand, die 15 vom Rantumer und weiteren 15 vom Hörnumer Strand steht allein der Auffindeort und das Datum. Nur an Harm Müsker erinnert ein persönlicher Gedenkstein. Er ist bislang der einzige, dessen Name geklärt werden konnte. Statt der Namen wurden in einen Findling Verse aus dem *Gedicht für Heimatlose* des Theologen Rudolf Kögel eingemeißelt:

WÄCHTER DER SEE List Ost ist zusammen mit seinem Zwillingsturm, dem Leuchtturm List West, der älteste aus Gusseisen hergestellte Leuchtturm Deutschlands.

» Wir sind ein Volk vom Strom der Zeit,
Gespült zum Erdeneiland.
Voll Unfall und voll Herzeleid,
Bis Heim uns holt der Heiland.
Das Vaterhaus ist immer nah,
Wie wechselnd auch die Loose.
Es ist das Kreuz von Golgatha,
Heimat für Heimatlose. «

Feuerfeste

Am Vorabend des 22. Februar wird auf Sylt, Föhr und Amrum, auf einigen Halligen und auch auf dem Festland beim »Biikebrennen« der Winter ausgetrieben. Auch auf der dänischen Insel Rømø, gleich nebenan im Norden, wird mit Feuer gefeiert. Nur heißt es hier »Pers Aften«, ähnlich wie der Petritag oder, Friesisch, Piddersdai: der Tag, an dem Petrus als Bischof von Rom ins Amt eingeführt worden sein soll. Sobald bei einem guten Dutzend Biiken auf den Inseln und bei den bis zu 90 auf dem nordfriesischen Festland der Ruf »Tjen di Biiki ön!« ertönt (»Zündet die Biike an!«), lodern die Flammen aus den sorgsam aufgeschichteten Holz- und Reisigstapeln, begleitet von einigen feurigen Reden, zumeist auf Friesisch. Später trifft man sich in den zahlreichen Kneipen und Restaurants, in denen ein zünftiges Grünkohlgericht mit allem Drum und Dran serviert wird.

Heute ein willkommenes Wochenende mit vielen Besuchern und Übernachtungsgästen in der tiefsten Nebensaison, hat das inzwischen als immaterielles Kulturerbe der UNESCO geadelte friesische Volksfest eigentlich heidnische Wurzeln. Einst sollten die Flammen des Feueropfers den germanischen Gott Odin gnädig stimmen, die bösen Geister des Winters vertreiben und die neue Saat schützen, die läuternden Kräfte gegen Gebrechen und Krankheit mobilisieren, Streit und Verhängnis ausmerzen und jungen Paaren, die gemeinsam über die niedergebrannte Glut springen, Liebe und Fruchtbarkeit schenken.

Ein geheimnisvolles Grab

In Wenningstedt, nahe dem Dorfteich, bietet ein prähistorischer Grabhügel geheimnisvolle Einblicke in die Vergangenheit. Vor rund 5000 Jahren, in vergleichbarer Zeit entstand die mythische Kultstätte Stonehenge im heutigen England, wuchteten Steinzeitmenschen bis zu 20 Tonnen schwere Steinbrocken aufeinander, um in dem so geschaffenen »Hünengrab« hochrangige Verstorbene zu bestatten. Das Geheimnis, wie sie dies ohne moderne Bautechnik überhaupt bewerkstelligen konnten, ist bis heute nicht völlig geklärt. Der gut dreieinhalb Meter hohe Grabhügel wölbt sich über einer Grundfläche mit einem Durchmesser von 32 Metern. Zwölf riesige Steine tragen einige tonnenschweren Deckensteine. In die ovale Kammer führt ein sechs Meter langer, nur einen Meter hoher Gang. Gletscher der Eiszeiten haben einst aus Skandinavien die riesigen Findlinge bis hierher geschoben. Möglicherweise haben Steinzeitmenschen diesen gewaltigen Grabhügel auch als Versammlungsort für Beratungen, als Thingplatz genutzt.

Nur wenig weiter im Osten breitet sich das Naturschutzgebiet der Braderuper Heide fast bis ans Wattufer aus. Eine kleine Herde gleichmütiger Schafe labt sich an den jungen Trieben und hält die Heide kurz. Das Örtchen Braderup mit 120 ständigen Einwohnern gehört seit bald 100 Jahren zu Wenningstedt. Viele der schmucken Reetdachhäuser sind als Zweitwohnsitze oft monatelang verwaist. Es ist die Frage, ob das dem Zwerg Nis Puk gefällt. Der mit Zipfelmütze, roten Strümpfen und Jacke bekleidete Kobold soll sich ja noch immer in der Heide herumtreiben. Für Erwachsene bleibt er unsichtbar, nur Kinder können ihn sehen. Eigentlich ist er ein zutrauliches Wesen, vorausgesetzt, man behandelt ihn gut und stellt ihm gelegentlich, vor allem zu Weihnachten, nachts ein Glas Milch

WEINGARTEN im Schatten der Kirche St. Severin von Keitum
ERDGESCHICHTE Am Morsum Kliff geben Gesteins- und Sandschichten tiefe Einblicke in die Erdgeschichte.

mit Butter oder einen Teller mit Grütze vor die Tür. Etwas Glück im Leben kann man dann schon erhoffen. Wer ihn dagegen missachtet, sollte mit allerlei Durcheinander rechnen.

Die Severinskirche von Keitum

Von Braderup lässt sich schon der hohe vierkantige Turm der St.-Severin-Kirche ausmachen, die vom Nachbarort Keitum über die Wattlandschaft schaut. Bis er vor mehr als 100 Jahren verschlickte, befand sich der Haupthafen der Insel Sylt in Keitum, und bereits vor bald 800 Jahren wurde das damals nach den katholischen Heiligen Mauritius, Knut und Ketel benannte Gotteshaus erstmals urkundlich erwähnt. Der prominente Platz auf dem höchsten Punkt des Sylter Geestkerns scheint etwas Magisches an sich zu haben. Schon in vorchristlicher Zeit soll hier die mächtige nordische Göttin Freya verehrt worden sein. Seefahrer nutzten den weithin sichtbaren hohen Backsteinturm von St. Severin lange als Seezeichen. In früheren Zeiten war er auch Zufluchtsort und diente bis 1806 sogar als Gefängnis.

Draußen, am Nordwall des Kirchenareals, erzählen alte Kapitänssteine ganze Familiengeschichten auf den Grabplatten. Der beschauliche Friedhof ist inzwischen auch letzte Ruhestätte vieler vermögender und prominenter Inselliebhaber aus jüngster Vergangenheit, vom Verleger Peter Suhrkamp bis zum Spiegel-Herausgeber Rudolf Augstein. Zwei wuchtige, in die Westseite der Kirche integrierte Findlinge erinnern an die beiden Nonnen und Kirchenstifterinnen Ing und Dung, nach deren Namen auch die Kirchenglocken mit einem »Ing« und einem »Dung« ertönen sollen. Bei den stets ausgebuchten abendlichen Keitumer Mittwochskonzerten schweben andere magische Klänge von der durch Spenden finanzierten modernen Orgel durch das Kirchenschiff.

Die Kirche umgibt aber auch ein düsteres Geheimnis, denn schon beim Bau des Turms soll es zum Streit zwischen den wohlhabenden Stifterinnen und der Gemeinde gekommen sein. Eine Verwünschung wurde ausgestoßen, dass die Glocke herabfallen und einen »hochmütigen Jüngling und eine eitle Jungfrau erschlagen« werde. Tatsächlich wurde der Glockenjunge Sören Sörensen von einer durch das morsche Gebälk brechenden Glocke erschlagen, allerdings erst beim Weihnachtsläuten am 26. Dezember 1739. Sicherheitshalber wurde die Tür zwischen Turm und Kirchenraum zugemauert. Erst seit 1981 ist der Durchgang wieder geöffnet.

Önereersken am Morsum Kliff

Eine Wanderung durch zehn Millionen Jahre Erdgeschichte – ganz im Osten von Sylt ist das möglich. Gletscher verschiedener Eiszeiten haben Gesteins- und Erdschichten unterschiedlicher Erdepochen mit schwarzem Glimmer, weißem Kaolinsand und rotem Limonitsandstein umgewälzt und zusammengeschoben. Der Weg zum Morsum Kliff führt durch eine weitläufige Heidelandschaft, ähnlich der von Braderup weiter im Westen. Heide

und Morsum Kliff sind schon lange als Naturschutzgebiete der kommerziellen Nutzung entzogen. Dennoch scheinen sie wildromantische Bewohner zu haben: Önereersken, ein Zwergenvolk, das vom Aussehen dem Nis Puk aus Braderup ähnelt und unterirdisch in alten Grabhügeln der Vorzeit leben soll. Auch in der Sagenwelt von Föhr, Amrum und sogar von Helgoland spielt es eine Rolle. Einst sollen die Önereersken mit den Friesen auf Sylt friedlich zusammengelebt haben, dann aber in Streit gekommen sein. Ein Fischer, so wird berichtet, hat die meisten Zwerge für einen Goldtaler pro Passagier von Sylt auf die Nachbarinseln geschafft. Noch im 19. Jahrhundert, so die Legende, sollen Mütter eine einem Kreuz ähnliche geöffnete Schere nachts ins Kinderzimmer gelegt haben, um sicher zu sein, dass die Önereersken das Kind nicht rauben oder gegen eines von ihren eigenen austauschen.

Rantum und die gewitzten Frauen

Auch bei Rantum, an der schmalsten Stelle von Sylt, südlich von Westerland – nur 600 Meter trennen hier die wilde Westküste von der ruhigen Wattseite –, scheinen sich einst unheimliche Dinge zugetragen zu haben. Eine verwirrende Vielfalt unterschiedlicher Geschichten, die sich in Teilen sogar widersprechen, hüllen die Vergangenheit dieses Inselortes in einen undurchdringlichen Sagennebel. Ran, die Frau des nordischen Meeresgottes Eigir, soll

BLEICHER MOND Bei wolkenlosem Himmel beleuchtet der Mond die Reetdachhäuser bei Hörnum mit seinem fahlen Licht.

eine walrossähnliche Gestalt gehabt haben. Sie lebte auf dem Meeresgrund und produzierte Salz. Eigir, auch nicht gerade attraktiv, stieg derweil anmutigen jungen Sylter Damen nach. Die eifersüchtige Ran rührte dann noch heftiger in ihrer Salzsuppe, sodass die Wellen hochschlugen und sogar Schiffe in Seenot gerieten. Auch als die Küstenbewohner ihre Siedlung nach ihr Rantum tauften, konnte sie das nicht besänftigen. Sturmfluten und die »Weißer Tod« genannten Wanderdünen zwangen die Menschen mehrfach, ihr Dorf aufzugeben und an anderer Stelle neu aufzubauen.

Eine andere Geschichte ähnelt in einer ihrer Varianten mehr einer friesischen Version vom Rumpelstilzchen. Danach lebte Eigir, der hier Ekke hieß, mit seiner Frau Ran auf dem Meeresgrund. Der unleidliche Geselle war von zwergenhafter Gestalt und teilweise von Schuppen bedeckt, er stellte den Menschen nach und ließ Schiffe mit Mann und Maus in wilder See sinken. Als seine Frau bei der Geburt eines Kindes Probleme bekam, half die Sylter Frau eines englischen Kaufmanns bei der Entbindung. Sie hatte Erfolg und wurde reich beschenkt, doch die Geburtshelferin interessierte den tyrannischen Meeresgott Ekke Nekkepenn, der ihr in anderer Gestalt nachstellte. Das Schiff mit ihrem Ehemann ließ er sinken, der wurde mit in die Tiefe gerissen. Die Witwe konnte der Heirat mit dem Meeresgott nur entgehen, wenn sie den geheimen Namen ihres Stalkers erraten würde. Doch wie der Zufall es will, hörte sie beim Strandspaziergang plötzlich leise gesungene Verse aus einer Düne:

» Heute soll ich brauen;
Morgen soll ich backen;
Übermorgen will ich Hochzeit machen.
Ich heiße Ekke Nekkepenn,
Meine Braut ist Inge von Rantum,
Und das weiß niemand als ich allein. «

Nun war sie gerettet, doch den Syltern war Ekke Nekkepenn nun dauerhaft übel gesonnen.

Eine andere, aktuellere Rantumer Geschichte mag zwar auch ausgeschmückt sein, doch hat sie einen realen Hintergrund. Merret Lassen hat tatsächlich in Rantum gelebt, eine gestandene, lebenstüchtige Friesin, verheiratet mit einem Norweger, dem sie als Schiffbrüchigen einst das Leben rettete. Mit ihm hatte sie 21 Kinder, von denen 17 überlebten. Als der dänische König Frederik VI. im Sommer 1825 seiner damaligen dänischen Insel Sylt einen Besuch abstatten wollte, begehrte er, die Rantumer Merret Lassen an seiner Unterkunft zu empfangen. Die ließ ihm jedoch nur knapp bescheiden, dass Arbeit und Kinderschar eine Reise über die Insel unmöglich machten. Wollte er sie sehen, müsste er sich schon nach Rantum bequemen. Überrascht über ihr Selbstbewusstsein und ihre Dreistigkeit gegenüber ihrem Souverän, machte er sich tatsächlich auf. An ihrem Wohnhaus in Rantum ging bei seiner Ankunft nur kurz die Tür auf. Merret ließ sich blicken mit den Worten »So sehe ich von vorne aus«, drehte sich, sprach: »Und so von hinten!«, und schloss die Tür vor der verdutzten Majestät.

Pidder Lüng aus Hörnum

In Hörnum, an der Südspitze von Sylt, wird endlich geklärt, warum die Nordsee so salzig ist. Schuld ist die wundersame Kaffeemühle vom kleinen Fiete, die dieser bei seiner Großmutter gefunden hatte. Das Besondere hatte er bald heraus: Wer an ihrer Kurbel dreht, kann sich seine Wünsche erfüllen. Walfänger waren Fietes Helden. So wie sie wollte er auf die wilde See hinausfahren. Einige Male die Kurbel gedreht – und Fiete hatte genügend Geld, um sich trotz seiner Jugend bei einem Kapitän als Matrose einzukaufen. Doch es dauerte nicht lange, und der Kapitän kam hinter das Geheimnis der Kaffeemühle, die sein neuer Matrose so sorgsam hütete. Er wiederum benötigte Salz, um die Fänge haltbar zu

machen. Gierig schnappt er sich die wundersame Mühle, drehte an der Kurbel – und bekam postwendend sein Salz. Doch wie er den Salzstrom stoppen sollte, wusste er nicht. Immer mehr Salz häufte sich auf dem Kutter. Schließlich kippte das Schiff zur Seite und versank mit seiner weißen Fracht im Meer. Das ist seitdem salzig und hat noch eine Moral parat: Gier tut nicht gut.

Pidder Lüng aus Hörnum war ein Kerl von einem Mann: kräftig, gerade heraus, impulsiv und freiheitsliebend, eben ein echter Friese, ein Idol. Doch Henning Pogwisch, dem dänischen Amtmann von Tondern, war das egal. Den Zehnten wollte er eintreiben, mit Gewalt und den Waffen seiner Soldaten. In Hörnum gehen sie an Land, brechen in das Haus von Pidder Lüng ein, dem armen Fischer, der dort mit seiner Familie um einen Topf mit dampfendem Grünkohl sitzt. Der Amtmann verhöhnt den friesischen Wahlspruch »Eher tot als Sklave« (»Lewwer duad üs Slaav!«) und spuckt in den Suppentopf. Da erhebt sich der mächtige Fischer zu voller Größe, schnappt den Amtmann und taucht dessen Kopf in dem Topf mit heißem Grünkohl, bis der Däne erstickt und aufhört zu zucken. Ein Gemetzel beginnt, die Soldaten durchbohren Pidder mit ihren Lanzen, doch sein letzter Satz ist noch deutlich zu vernehmen: »Lewwer duad üs Slaav!« Was für eine Geschichte! Jeder Friese kennt Pidder Lüng und bewundert

seinen Freiheitsdrang. Tatsächlich hat der aufbrausende Fischer nie gelebt. Der kraftvolle, kernige Charakter stammt aus der Feder des Dichters Detlev von Liliencron, der mit der Ballade *Pidder Lüng* ganz offenbar die friesische Seele berührte.

Amrums Grabsteine erzählen Geschichten

Rund 45 Minuten benötigt die Schnellfähre vom Hörnumer Hafen bis nach Wittdün auf Amrum. Die Insel liegt halbmondförmig am Westrand des Wattenmeeres. Der Kniepsand, ein 16 Kilometer langer und bis zu einem Kilometer breiter Strand, begrenzt die Insel zur Nordsee. Besonders bei Sonnenschein verliert sich der Blick in einer endlos scheinenden Weite mit einer Überfülle von Licht. Auch wenn im Herbst zuweilen Nebel über der Insel liegen, lässt sich der Name von Nebel, einem der Hauptorte auf Amrum, nicht auf das Wetterphänomen zurückführen. Er stammt vom Altdänischen »neues Bohl«, was man als »neue Siedlung« übersetzen könnte. Viele der mit Schiffsmotiven dekorierten »erzählenden Grabsteine« von Amrum am Friedhofswall und an der Kirchmauer der St.-Clemens-Kirche in Nebel stammen aus der sogenannten »goldenen Zeit« des Walfangs zwischen dem 17. und 19. Jahrhundert. Die rund 150 sorgsam restaurierten Steine berichten vom Leben und Schick-

LEBEN IN STEIN GEMEISSELT Auf Amrum erzählen die »sprechenden Grabsteine« vom oft abenteuerlichen Leben der Verstorbenen. Der Grabstein des Seefahrers Hark Olufs gehört zu den bedeutendsten Kulturdenkmälern der Insel.

sal der Seeleute und ihrer Familien. Faszinierend und voller Geheimnisse erzählt besonders die Geschichte von Hark Olufs ein abenteuerliches Leben: Aufgebracht von algerischen Piraten, wurde er 1724 auf dem Sklavenmarkt von Algier an den Bey von Constantine verkauft. Hier stieg er zum Schatzmeister, zum Kommandeur der Leibgarde und Befehlshaber der Kavallerie auf. Für seine Verdienste bei der Eroberung von Tunis erhielt er die Freiheit und kehrte bald darauf als wohlhabender Mann auf seine Heimatinsel zurück. Im Alter von 46 Jahren starb Hark Oluf, inzwischen Ehemann und Familienvater.

Dem dänischen König hatte er zuvor noch seine Lebensgeschichte erzählt und sie für die Nachwelt aufgeschrieben. Auch in seinem »sprechenden Grabstein« sind die wichtigsten Daten seiner Biografie eingemeißelt. Als Wiedergänger, der nachts aus seinem Grab aufsteigt und zwischen Friedhof und seinem früheren Wohnhaus hin- und her irrt, hat Hark Oluf auch seinen Platz in den Inselsagen. Vielleicht ließ ihn sein wechselhaftes Leben, er war in Nordafrika zum Islam übergetreten, keine Ruhe finden.

Warum Amrumer nicht in den Himmel kommen

Vielleicht sind Hark Oluf und andere Wiedergänger auch nachts seltsamen Gestalten begegnet, die aus ihren versteckten Höhlen unter den Dünen hervorkrochen, ihre Wäsche im Mondlicht aufhängten und tanzten. Unterirdische oder Odderbaantjes nannte man die zwergenhaften Gesellen, die, ähnlich wie ihre Verwandten auf Sylt, in vorzeitlichen Gräbern wohnen. Ihnen sollte man nicht zu nahe kommen oder gar nachspüren, ob sie unter der Erde Schätze verbergen. Schließlich sind sie mit einigen unangenehmen Zauberkräften ausgestattet und können glauben machen, dass das eigene Haus in Flammen steht.

Wie die Sylter waren auch die Amrumer als Strandräuber bekannt und berüchtigt. Falsche Seezeichen, Fackeln am Strand lockten Schiffe in Untiefen. Die Wracks versprachen beim Plündern fette Beute. Nun soll Petrus, der bekanntlich den Zugang zum Himmel regelt, darüber so erbost gewesen sein, dass er Amrumern den Eintritt in die himmlischen Gefilde verwehrte. Doch einmal nicht aufgepasst, und schon hatte ein Amrumer Haudegen seinen nassen Stiefel in den Türspalt zum Paradies geworfen. Ohne zu zögern stürmte eine ungestüme Crew aus Amrum in den Himmel.

Der verzweifelte Petrus musste sich eine List überlegen, um die wilden Gesellen wieder zu vertreiben. Da hatte er einen Geistesblitz und rief: »Skab üp Strunn«, was so viel heißt wie »Schiff am Strand«. Sofort purzelten Flaschen und Kartenspiele zu Boden und die Amrumer stürmten aus der Himmelstür wieder hinaus. Als sie merkten, dass Petrus sie getäuscht hatte, waren die Tore schon verriegelt und verrammelt. Offenbar eine nachhaltige Maßnahme, denn von diesen Amrumern wurde niemand jemals wieder im Himmel gesehen.

RINGWALL Von der Lembecksburg ist noch ein bis zu zehn Meter hoher Ringwall erhalten. Ihr Ursprung liegt noch im Dunkel der Geschichte. Er wird auf eine Zeit vor mindestens 1000 Jahren geschätzt.

Die Walfänger von Föhr

Bei Ebbe und mit ortskundigem Führer lässt sich die Passage zwischen Amrum und Föhr zu Fuß zurücklegen. Für die rund sieben Kilometer lange Strecke zwischen Norddorf auf Amrum und Dunsum im Nordwesten von Föhr muss man knapp zweieinhalb Stunden einplanen. Es geht nicht durch tiefen Schlick, sondern überwiegend durchs Sandwatt. Dazu muss ein Priel durchquert werden, in dem es nass werden kann. Die Inselhauptstadt Wyk ist im Südosten, also an der gegenüber liegenden Inselküste. Eigentlich bedeutet Wyk Bucht, und hier war tatsächlich der beste Ort für den Inselhafen. Die ersten Häuser baute man kurz nach 1600 »by der Wycke«.

Auf der grünen Insel mit ihrem fetten, vom Deich geschützten Marschland geht das Leben im ruhigeren Takt. Hier peitscht die Nordsee seltener an die Deiche, die Gezeiten kommen und gehen im Rhythmus, ruhig und behäbig. Föhr ist keine Diva wie die Nachbarinsel Sylt. Aber Inselgeschichten und legendäre Gestalten kann man auch hier auf den Friedhöfen finden. Die Kirchen wurden früher meist auf dem höchsten Punkt der größeren Inseln errichtet. Oft waren sie Fluchtpunkt der Bewohner bei

WEITHIN SICHTBAR ragt der Turm der St.-Laurentii-Kirche übers flache Land. Auch auf ihrem Friedhof zeugen »sprechende Grabsteine« von der bewegten Vergangenheit der Insel.

Sturmfluten oder drohenden Überfällen. Drei Friedhöfe sind auf Föhr verteilt: St. Nicolai in Boldixum, St. Johannis in Nieblum und St. Laurentii in Süderende.

Vor mehr als 200 Jahren ging noch jeder dritte der 4500 Föhringer auf Grönlandfahrt. Darunter waren mehr als 60 Kommandeure, wie die Kapitäne genannt wurden, und über 200 Harpuniere und Steuermänner. Waren die Seeleute auf dem Schiff verstorben, ziert den Grabstein ein Schiff unter vollen Segeln, bei abgetakelten Segeln starb er an Land. Tücke Olufs aus Wrixum wird auf seinem Grabstein in Boldixum wegen seiner 33 erfolgreichen Grönlandfahrten gerühmt. Viele der Grabmale von Föhr sprechen von besonderen Ereignissen im Leben der Verstorbenen, von den Frauen und Kindern, und sie sind wahrscheinlich weitaus gesprächiger, als es die Lebenden einst waren.

Auf dem Kirchhof der St.-Laurentii-Kirche bei Süderende fällt das Grabmal des »glücklichen Matthias« ins Auge. Seine Lebensgeschichte ist unter seinem Wappenbild, einem Luft blasenden Wal und der auf einem Helm balancierenden Göttin Fortuna, auf den Grabstein gemeißelt. *Matthias Petersen geb: in Oldsum den 24 Dec: 1632, gest: den 16.Sept: 1706, Er war in der Schiffahrt nach Grönland sehr kundig, wo er mit unglaublichem Erfolg 373 Wale gefangen hat, sodaß er von da an mit Zustimmung aller den Namen »Der Glückliche« annahm.* Er war berühmt als der erfolgreichste Walfänger seiner Heimatinsel Föhr. Schon als Zwanzigjähriger hatte Matz Peters sein erstes Kommando erhalten, 50 Jahre lang fuhr er zur See. Die ersten Jahre konnte er durch die Baienfischerei riesige Fänge erzielen. Die Harpuniere erlegten große Mengen von Walen, die in die Buchten (Baien) von Spitzbergen getrieben worden waren. Ihren Speck verarbeitete man gleich vor Ort zu Tran, der für Lampen benötigt wurde. Nachdem das Revier leergefischt war, begann die weit weniger ergiebige See- oder Eisfischerei, bei der einzelne Tiere auf offenem Meer gejagt und erlegt wurden.

Der trickreiche Ritter von Ripen

Den Grabstein der »Toten Tante« wird man allerdings nicht auf einem Friedhof finden. Sie ist nicht einmal tot, sondern recht lebendig und beliebt. Vor allem, wenn eine steife Brise um die Häuser weht. Der Friesen-Drink weckt neue Lebensgeister, auch wenn sein makabrer Name das Gegenteil vermuten lässt. Dazu gibt es wieder mindestens eine Legende: Am wahrscheinlichsten scheint die Version, dass eine ausgewanderte Föhrerin nach ihrem Ableben in Nordamerika auf ihrer Heimatinsel bestattet werden wollte. Die Urne mit ihrer Asche erreichte nach langer Seefahrt tatsächlich Föhr, gut verpackt in einer Kakaokiste.

Zubereitung: Milch kurz aufkochen und grob gehackte Zartbitterschokolade hineinrühren. Das Ganze kommt in einen Trinkbecher, wird mit einem Schuss Rum veredelt und von einer Schicht Sahne bedeckt.

Rund zehn Meter hoch ist der grasbedeckte Ringwall, Überrest der Lembecksburg nördlich von Borgsum. Schon im

9. Jahrhundert, also zur Wikingerzeit, dürfte hier eine befestigte Siedlung von Kriegern bestanden haben. Berühmt wurde die Befestigung später, dank einer sagenhaften Geschichte um den Ritter und Amtmann von Ripen, Claus Lembeck. Der soll im 14. Jahrhundert vom dänischen König Waldemar IV. mit Föhr und Amrum belehnt worden sein, aber seine Untertanen durch Hochmut und hohe Abgaben drangsaliert haben. Außerdem paktierte er mit den Holsteiner Grafen gegen den Einfluss des dänischen Königs. Der zog schließlich mit Truppen zur Burg, um sie einzunehmen. Doch sie hielt der Belagerung stand. Um den Eindruck reichlicher Vorräte zu erwecken und die Angreifer zu täuschen, ließ Lembeck die einzige verbliebene Kuh, »verkleidet« mit Fellen bereits geschlachteter und verspeister Tiere, immer wieder über den Wall führen. Schließlich floh er nachts mit einem kleinen Kahn über einen Priel, der damals bis zur Burg reichte, ins Wattenmeer. Die immer wieder ausgeschmückte Geschichte wurde 1925 vom friesischen Heimatdichter und Lehrer Lorenz Conrad Peters in einer Ballade aufbereitet, auch wenn sie sich sicherlich nicht so zugetragen hat.

Einsame Halligen

Für den Dichter Theodor Storm waren die Halligen »schwimmende Träume«. Hier bestimmen Ebbe und Flut wie ein Pulsschlag der Natur das Leben. Wenn sich das Meer stetig zurück-

ZERZAUSTE REGENWOLKEN Regen kommt, Regen geht. Der Westwind treibt regnerische Wolken schnell über Pellworm und die anderen Inseln von Nordfriesland.

zieht, hat es etwas Biblisches an sich, als würde sich wie bei Moses das Wasser teilen, um den Israeliten die Heimkehr zu ermöglichen. Wenige Stunden später dringt die Flut wieder gefräßig vor und verschlingt den gerade erst trocken gelegten Meeresboden. Vor der Küste von Schleswig-Holstein sind zehn Halligen verblieben, Marschinseln, die sich das Meer im Laufe der Jahrhunderte nicht geholt hat. Eigentlich sind es Reste des erodierten Festlands. Drei Halligen sind von Menschen unbewohnt, dafür äußerst beliebt bei Zugvögeln. Auf den anderen Halligen stehen Häuser, die auf Warften, künstlichen Hügeln, errichtet wurden. Die besonders gesicherten Schlafzimmer im Obergeschoss dienen auch als Schutzräume. Bei »Land unter«, der Überflutung bei hohem Wasserpegel, liegen die mit Höfen und Ställen bebauten Warften einsam inmitten der aufgewühlten See.

Auch Nordstrand ist, wie Pellworm, ein Überrest des alten Marschlandes und immer wieder Unwettern ausgesetzt. Die katastrophalen Sturmfluten des 14. und des 17. Jahrhunderts mit vielen Tausend Ertrunkenen haben die Küste Nordfrieslands nachhaltig verändert, neue Inseln geschaffen und andere verschluckt.

Der Untergang der Stadt Rungholt

Das dramatische Geschehen spiegelt sich in zahlreichen Legenden und Sagen, am bekanntesten ist die Geschichte vom Untergang von Rungholt. Die in der Ballade *Trutz Blanke Hans* von Detlev von Liliencron und der *Halligfahrt* von Theodor Storm besungene Stadt Rungholt war eine wohlhabende Stadt mit weitreichenden Handelsverbindungen, auch wenn Liliencrons Vergleich mit Rom den Realitäten nicht standhalten dürfte. Eine furchtbare Sturmflut muss die Küste im Januar 1362 heimgesucht haben, sie zerstörte die Landwirtschaft und die blühende Meersalzgewinnung mitsamt sieben Dörfern und forderte bis zu 8000 Menschenleben.

An der Nordseeküste zwischen dem dänischen Ribe und der holländischen Grenze sollen mehr als 100 000 Menschen den nassen Tod gefunden haben. Auch Rungholt, auf einer Marscheninsel zwischen dem heutigen Pellworm und Nordstrand gelegen, war vom Antlitz der Erde verschwunden. Schnell machten Geschichten die Runde, dass der Untergang der blühenden Stadt ihrem Hochmut zuzuschreiben sei. Eine Gottesstrafe für Eitelkeit und die Geringschätzung gottgewollter Tugenden. »Trotz nu, blanker Hans!«, sollen die Bewohner von ihren vermeintlich sicheren Deichen verächtlich der tobenden See zugerufen haben.

» Von der Nordsee, der Mordsee,
vom Festland geschieden,
Liegen die friesischen Inseln im Frieden.
Und Zeugen weltenvernichtender Wut,
Taucht Hallig auf Hallig aus fliehender Flut.
Die Möwe zankt schon auf wachsenden Watten.
Der Seehund sonnt sich auf sandigen Platten.
Trutz, Blanke Hans. «

Detlev von Liliencron:
Trutz, Blanke Hans

Zur Kirche gingen sie nicht mehr, führten stattdessen beim Spazierengehen stolz ihren Reichtum vor. An einem Weihnachtsabend machten sie angeblich eine Sau betrunken, legten sie in ein Bett und wollten den Pfarrer zwingen, ihr das Abendmahl zu reichen. Der konnte zwar mit der Sau fliehen, wurde jedoch von den Randalierern eingeholt. Sie schütteten Bier über das Sakrament und forderten Gott auf, mit ihnen zu saufen. Dem Prediger gelang erneut die Flucht. In der Kirche bat er Gott, die Frevler

WOLKENTÜRME bedeuten oft: Gefahr im Verzug, Sturm im Anzug. Wer jetzt noch im Watt ist, sollte schnell an Land kommen.
KAPITÄNE UND WALFÄNGER konnten sich oft schmucke Kapitänshäuser, wie hier auf Pellworm, leisten. ▽▽

zu strafen. Nachdem Gott ihm in der darauffolgenden Nacht ein Zeichen für die Flucht gesandt hatte, »erhob sich ein ungestümer Wind und ein solches Wasser, dass es vier Ellen über die Deiche stieg und das ganze Land Rungholt, der Flecken und sieben andere Kirchspiele dazu, unterging, und niemand ist davongekommen.« So wird es in *Die Nordseeinseln. Ein Heimatbuch* von 1925 geschildert.

Als Große Mandränke, also das große Ertrinken, sind die gewaltigen Sturmfluten in die Überlieferung eingegangen, wenn die »Mord«see die Deiche überflutete und Gehöfte und ihre Bewohner in den aufgepeitschten Fluten versanken. Erst nach rund 600 Jahren konnte das Geheimnis um Rungholt zumindest teilweise gelüftet werden, als in den 1920er-Jahren alte Scherben, Waffen und Spuren von Pflugscharen gefunden wurden. Vieles ist noch im Watt verborgen, doch sogar Reste von Deichanlagen wurden inzwischen freigelegt.

Hochmut vor dem Untergang

Weit weniger dramatisch macht sich die Geschichte vom Pharisäer aus. Nachdem der gestrenge Pastor Georg Bleyer die Tochter Helene des Bauern Peter Johannsen aus Nordstrand getauft hatte, wurde er noch zu Kaffee und Kuchen eingeladen. Die Taufgesellschaft wurde mit der Zeit immer lauter und lustiger. Langsam kam bei dem strikt antialkoholischen Gottesmann ein schlimmer Verdacht auf. Der wurde zur Gewissheit, als er an der Tasse seines Tischnachbarn nippte. Unter einer dicken Sahneschicht verborgen und deshalb nicht zu riechen hatte Bauer Petersen den Kaffee der anderen durch einen kräftigen Schuss Karibikrum veredelt. »Oh ihr Pharisäer!«, so der zornige Ausruf des Pastors. Damit hatte das gehaltvolle Heißgetränk seinen Spitznamen, das am 12. Oktober 1872 erstmals ausgeschenkt wurde und seitdem im Norden von Schleswig-Holstein in Cafés den Umsatz an kalten Tagen ankurbelt.

1 8 6 4

BIEGSAM Der Westwind biegt den Strandhafer nur.
GEHEIMNISVOLL Der Turm der alten St.-Salvator-Kirche auf Pellworm soll dem Freibeuter Cord Widderich als Versteck für seine geraubten Schätze gedient haben.

STATTLICH Die prächtigen reetgedeckten Kapitänshäuser auf Keitum zeugen vom einstigen Wohlstand der Seefahrer und Walfänger. ▽▽

» Rüm hart, klaar kiming!
As't ens mä mi föörbi,
komt at tu skialen,
leew frinj, dan lööwe mi,
eg föl tu skrialen.
Bring mi troch lun an hääf
hen tu min fering grääf,
hual mi det likpretjei:
Rüm hart, klaar kiming!

Ist es einmal mit mir vorbei,
kommt es zum Scheiden,
lieber Freund, dann gelobe mir,
nicht viel zu weinen.
Bring mich durch Land und Watt
hin zu meinem Föhrer Grab,
halt' mir die Leichenpredigt:
Weites Herz, klarer Horizont! «

Jürgen Martens:
Friesisches Lied

SAGENHAFT In Höhlen der geschützten Heidelandschaft am Morsum Kliff sollen Zwerge leben.

GEBÄNDIGTER WIND Dichter Strandhafer schützt die Dünen gegen den unablässigen Wind.
SCHMALER GRAT Ein schmaler Weg führt oberhalb vom geschützten Morsum Kliff entlang.

UNERBITTLICH Bei Rantum rollt die Brandung ohne Pause gegen die schmalste Stelle von Sylt. ▽▽

BRANDUNGSPFEILER Die einsame rote Felsnadel im äußersten Nordwesten von Helgoland ragt 47 Meter in die Höhe.

Helgoland und der Zauberer Ligur

»Grün ist das Land, rot ist die Kant, weiß ist der Sand! Das sind die Farben von Helgoland«, heißt es in einer lyrischen Beschreibung. Die steinerne Insel mit der beiliegenden Sandbank gehört zwar streng genommen nicht mehr zum Wattenmeer, viele tausend Zugvögel haben die Koordinaten dennoch in ihr System eingespeist und unterbrechen ihren langen Flug zwischen dem Sommer- und Winterquartier für einen Boxenstopp auf dem markanten Eiland mit seinem rund 50 Meter hohen Plateau aus rotem Sandstein, rund 60 Kilometer vor Cuxhaven.

Gut drei Monate, zwischen April und Juli, herrscht Hochbetrieb am Lummenfelsen. Skitten, wie sie auf Helgoland heißen, anderswo werden sie Trottellummen genannt, bevölkern dann neben diversen anderen Vogelarten ihren fast senkrechten Brutfelsen und nutzen jeden Vorsprung, um bei der Balz ihre Partner anzubrummen und später, in Arbeitsteilung, die Eier zu bebrüten. Drei Wochen nachdem sie geschlüpft sind, locken die Eltern die Jungen zum Sprung in die Tiefe.

Mit ein wenig Glück werden sie nicht vom Wind gegen den Felsen gedrückt, sondern landen im Wasser. Bald darauf sind sie bereit, weiter Richtung Skandinavien zu ziehen. Auch die meisten der mehr als 350 000 menschlichen Besucher erreichen die Felseninsel in den Sommermonaten, nur 1300 dauerhafte Bewohner zählt der rote Fels in der Nordseebrandung.

HAMBURGER KAUFLEUTE unterhielten seit 1663 eine Kohleblüse auf der damals noch mit Helgoland verbundenen Düne, ein weiteres Feuer im Süden der Düne wurde 1656 errichtet.

Trotz der niedrigen Einwohnerzahl und der abgeschiedenen Lage in der Deutschen Bucht, sind Spuk, Sagen und Legenden auch auf Helgoland zu Hause. Einige Gelehrte vermuteten, es könnte sich bei dieser Insel um das sagenhafte Atlantis handeln, andere schlossen vom Inselnamen eher auf das »Heilige Land« und meinten, Seeräuber fühlten sich durch ihn von der Insel abgeschreckt. Dagegen spricht, dass Helgoland im 13. und 14. Jahrhundert als Piratennest galt. Im Jahr 1401 soll der berüchtigte Freibeuter Klaus Störtebeker bei einer Seeschlacht mit Kriegskoggen der Hanse gefangen worden sein.

Steinernes Mahnmal

Auch über die Entstehung der Felseninsel gibt es unterschiedliche Theorien. Die einen sagen, dass Aufwölbungen im Tertiär vor rund 200 Millionen Jahren Gesteinsschichten an die Oberfläche brachten, die auch auf Helgoland zu finden sind. Denkbar ist vielleicht auch, dass der Wasserriese Ligur beim Auftauchen der bezaubernden Königstochter Walguna gewahr wurde und sich sofort in sie verliebte. Es gelang Ligur, den eigentlichen Verlobten der Prinzessin in eine Muschel am Strand zu verbannen, die aber von Walguna bewacht wurde. Nun ließ Ligur das gesamte Land rund um die Muschel abtragen, um Walguna zu isolieren, und Helgoland entstand. Walgunas Mutter konnte einen Zauberer bewegen, die Königstochter in einen Tiefschlaf zu versetzen und sie mit einer Mauer zu schützen. Als Ligur begann, die Mauer zu attackieren, schickte der Zauberer Geister, die den Wasserriesen mit mächtigen Felsbrocken bewarfen. Ligur wurde in die Tiefe gerissen und reckte seinen Arm drohend in die Höhe, der erstarrte. Heute gemahnt er als Felsnadel »Lange Anna« an die gewalttätige Entstehung der Insel.

LEERGEFISCHT Nur wenige hundert Hummer im Jahr gehen Helgoländer Fischern heute noch in die Körbe.
HUMMERBUDEN In viele der Schuppen und Werkstätten von Helgoländer Fischern sind längst Souvenirshops und Cafés, Galerien und Restaurants eingezogen.

"Bunte Kuh"
BUDE 31
road flint
Nº6

DIE NORDFRIESISCHE KÜSTE

N
W
E
S

EINGEDEICHT Seit gut 60 Jahren schützen Deiche den Hauke-Haien-Koog mit seinen Feuchtwiesen und flachen Gewässern. Er ist nach dem Deichgrafen aus Theodor Storms Novelle *Der Schimmelreiter* benannt.

Friedliches Land, unfriedliche Geschichten

»Wer nicht deichen will, muss weichen«, heißt ein alter Rechtsgrundsatz an der Nordseeküste. Die Landeigentümer waren an ihrem Küstenabschnitt zum Hochwasserschutz verpflichtet, im Sinne und zum Nutzen aller, deren Häuser, Weiden und Äcker bei Sturmfluten durch Überschwemmung gefährdet waren. Gleich hinter den Deichen breitet sich das flache Marschland aus, gesprenkelt von Dörfern und einigen Städtchen. Eine grüne, entspannende Landschaft, es sei denn, wilde Nordseestürme brausen von Westen heran. Deichvögte oder Deichgrafen kontrollieren noch immer den intakten Zustand der schützenden Wälle. Ein wichtiges Amt, schon der einem Adelsrang ähnliche Titel deutet darauf hin.

In Seebüll, nur einige Hundert Meter südlich der deutsch-dänischen Grenze, hat der Maler Emil Nolde von 1927 bis zu seinem Tod 1956 in einem selbst entworfenen Haus auf einer Warft gelebt und gearbeitet. Nolde war zunächst Mitglied der Berliner »Sezession« und der Künstlergruppe »Die Brücke«. Fantastisch-mystische Gemälde entstanden in dieser Zeit. Das *Maskenstillleben* erscheint wie ein bedrohlicher Albtraum, der *Tanz um das Goldene Kalb* wie ein dekadenter Abgesang auf den Kapitalismus. Bald trennt er sich von seinen Weggefährten und entwickelt den ganz eigenen Malstil eines gefühlsbetonten Expressionismus. Den Machtantritt der Nationalsozialisten bejubelt er und bemüht sich, die Gunst der Machthaber mit Motiven zum Nordischen und Deutschen zu erlangen. Seine Bilder finden trotz seines offen vorgetragenen Antisemitismus, der Mitgliedschaft in der NSDAP von Nordschleswig und Träumen vom Deutschen »Endsieg« nicht die gewünschte Anerkennung. Viele werden beschlagnahmt, andere fallen Zerstörungen durch Luftangriffe zum Opfer. Dennoch, seine Malkunst und die Virtuosität mit Farben sichern ihm eine große Anhängerschaft, auch nach dem Krieg. Seine Haltung zum Nationalsozialismus versucht er lange erfolgreich als Gegnerschaft umzudeuten. Viele der *Ungemalten Bilder*, Aquarellminiaturen, wandelt er nach 1945 in großformatige Ölgemälde, in Landschafts- und Blumenbilder von expressiver Farbigkeit um, die wie leuchtende Träume von einer dramatischen Natur erscheinen.

Husum, die gar nicht so »graue Stadt«

Rund 50 Kilometer weiter im Süden wurde ein anderer Traum farbige Wirklichkeit. Aus einigen Pflanzen, die einst möglicherweise Mönche aus dem Süden mitbrachten, entstand ein lilafarbener Teppich von rund vier Millionen Krokusblüten. Er bedeckt die

GLEICH HINTERM DEICH Das schmucke Friesenhaus auf der Peterswarft im Dorf Ockholm erlangte Berühmtheit als Schauplatz der Verfilmung von Theodor Storms *Schimmelreiter*.

Wiesen rund ums Husumer Schloss. Auch wenn sich aus dieser Krokusart kein wertvolles Safran gewinnen lässt, bleibt ein lilafarbenes Wunder, das im Frühjahr jährlich mit einem Krokusblütenfest gefeiert wird.

Die Große Mandränke von 1362 war hingegen kein Wunder, sondern eine Katastrophe. Die gewaltige Orkanflut riss ganze Inseln ins Meer und formte die Küste von Nordfriesland so um, dass das Dorf Husembro (»Die Brücke bei den Häusern«) beim Flüsschen Mühlenau plötzlich am Ufer der Nordsee lag. Die Weichen für die Entwicklung der Siedlung waren damit neu gestellt, aus Husembro entwickelte sich die Hafenstadt Husum.

»Am grauen Strand, am grauen Meer,
und seitab liegt die Stadt;
Der Nebel deckt die Dächer schwer,
und durch die Stille braust das Meer
eintönig um die Stadt.«

Düster und gedrückt sind die Verse in Theodor Storms Gedicht *Die Stadt*, wahrlich nicht für eine Werbebroschüre geeignet. Doch die Stimmung des 1817 in Husum geborenen Dichters mag beim Schreiben 1852 selbst eher gedämpft gewesen sein. Schließlich entzog ihm die dänische Obrigkeit gerade die Advokatur, das Privileg, als Rechtsanwalt zu arbeiten, denn er hatte trotz des Friedensschlusses im Schleswig-Holsteinischen Krieg weiter gegen die dänische Herrschaft agitiert.

Mit dem *Schimmelreiter* stellte er 1888, kurz vor seinem Tod an Magenkrebs, seine bekannteste Novelle fertig. Die dramatische Handlung von Hauke Haien, der sich vom Sohn eines Deicharbeiters zum Deichgrafen hochgearbeitet hatte, ist eine urfriesische Geschichte, gleichzeitig ein dramatisches Lehrstück zu charakterlichen Stärken und Schwächen. Hauke will gegen die Gleichgültigkeit und Abwehr der wohlhabenden Bauern den Bau eines neuen, besseren Deichs durchsetzen. Die widerspenstigen Bauern, die kein Geld dafür lockermachen, sondern lieber den alten Deich in Schuss halten wollen, streuen allerlei Gerüchte über ihren Deichvogt: Er würde nachts auf einem toten weißen Klepper über den Deich reiten. Steht er mit dem Teufel im Bunde? Als die nächste Herbstflut gegen die Deiche anrennt, ist der alte Deich nicht sorgfältig ausgebessert. Hauke Haien, gerade von schwerer Krankheit genesen, jagt sofort mit seinem Schimmel zur Gefahrenstelle bei der Hattstedter Marsch, nördlich von Husum. Doch die Deiche brechen. Frau und Kind, die ihm folgen, werden von der Flut fortgerissen. Hauke versucht vergeblich, sie zu retten und verschwindet selbst in den Wassermassen. Von keinem wird je eine Spur gefunden. Seitdem sehen die Menschen zuweilen einen Geisterreiter über den Deich galoppieren. Es ist Hauke Haien, der nicht anders kann, als die ungläubigen Menschen vor ihrem Unglück zu warnen.

Auch wenn die Geschichte vom Schimmelreiter Storms Fantasie entsprungen ist, hatte er sie doch sorgfältig recherchiert und sich an verschiedenen geschichtlichen Personen in Nordfriesland orientiert. Vielleicht ist die Verbindung von literarischer Meisterschaft und der Verwurzelung in der Lebenswirklichkeit und Mythologie der Küste für ihren bis heute riesigen Erfolg verantwortlich. Der Hauke-Haien-Koog zwischen den Fährhäfen Schlüttsiel und Dagebüll gilt als einziger Polder an der Küste, der nach einer literarischen Figur benannt wurde.

Friedliches Eiderstedt? Von wegen!

Eiderstedt nennt sich die Halbinsel, die zwischen Husum und der Eidermündung ins Wattenmeer hineinragt. Auf den riesigen Stränden der sichelförmigen vorgelagerten Inseln von St. Peter-Ording liefern sich schnelle Strandsegler in halsbrecherischer Fahrt über den platten, festen Sand rasante Wettrennen. Vor al-

lem nach Nordseestürmen ist hier die Chance am größten, kleine Brocken Bernstein zu finden, das »Gold des Nordens«, Schmucksteine aus in Jahrtausenden gepresstem fossilen Harz. Besonders wertvoll sind die, in denen eingeschlossene vorzeitliche Insekten zu erkennen sind.

Der rot-weiß gestreifte und von zwei kleinen Häuschen eingerahmte Leuchtturm von Westerhever gleich nördlich von St. Peter-Ording gehört zu den Wahrzeichen der Region. Er mag auch manchen bekannt vorkommen, die noch nie hier gewesen sind. Des Rätsels Lösung: Er ist als Blickfang für eine beliebte Biermarke weithin bekannt geworden.

Nicht beliebt-bekannt, sondern eher berühmt-berüchtigt waren die mörderischen Wogemänner von Eiderstedt. Die Pest von 1350 raffte in Europa geschätzte 25 Millionen Menschen dahin und traf auch die Nordseeküste schwer. Nur zwölf Jahre später schwappte von der Nordsee die mörderische Große Mandränke übers Land. Viele Dörfer und Kirchspiele versanken in den Fluten, waren sprichwörtlich vom Erdboden verschwunden, viele Tausend Menschen ertranken in der wilden See. Äcker waren versalzen, das Vieh war ertrunken, die Lebensgrundlage vieler überlebender Bauern und Viehzüchter zerstört. Aus Nordstrand geflüchtete mittellose Fischer und Bauern mussten sich eine

neue Unterkunft suchen. Sie setzten sich nicht weit entfernt in Westerhever fest, ganz im Westen der Eiderstedter Halbinsel. Ihre befestigte Trutzburg nannten sie Wogemannsburg. Zusammen wollten die Wogemänner sich zurückholen, was ihnen das Meer geraubt hatte. Sie enterten kleine Schiffe, brandschatzten Gehöfte und sollen sogar junge Frauen gekidnappt haben. Schließlich konnten sie vom örtlichen Amtmann und einer bewaffneten Bürgerwehr überlistet und festgesetzt werden. 60 von ihnen wurden vor Gericht gestellt und geköpft. Ihre Leichen warf man den Fischen zum Fraß vor. Mit den Steinen der Burg wurde die St. Stephanuskirche in Westerhever errichtet, das Pastorat steht auf den Grundmauern der Burg. Der hier vermutete Goldschatz der Wogemänner wurde nie gefunden.

Das tanzende Mädchen von Hoyerswort

»Selbst wenn der Teufel mich zum Tanzen auffordern wollte, ich schlüge es ihm nicht ab!«, soll das kecke Mädchen zu seiner Mutter gesagt haben, die es vor rund 200 Jahren zu einer Hochzeitsfeier im Herrenhaus von Hoyerswort begleiten durfte. Der schmucke Renaissancebau steht am westlichen Rand von Eiderstedt auf

TEUFLISCHES GEHEIMNIS Hinter der Renaissancefassade des Adelsgutes Hoyerswort sollen sich furchtbare Dramen abgespielt haben.
BLUTIGES MAHNMAL Der grausige Blutfleck im ehemaligen Tanzsaal des Herrenhauses will nicht verschwinden.

einer Warft, nicht weit vom geschwungenen Lauf der Eider. Heute empfängt er Gäste im Café, in der Brasserie und einigen Ferienwohnungen. Vor mehr als 400 Jahren lebte hier Caspar Hoyer, der reichste Mann von ganz Eiderstedt. Im Tanzsaal des Herrenhauses mit seinen knarrenden Holzdielen hängen Wandteppiche. Hinter einem von ihnen ist deutlich ein Blutfleck zu sehen. Dutzende Male hat man versucht, ihn weiß zu überzustreichen, doch bald darauf war er wieder zu erkennen.

Hinter dem blutigen Geheimnis verbirgt sich eine furchtbare Geschichte. Denn kaum hatte die vergnügungssüchtige junge Dame die provozierende Einladung zum Tanz ausgesprochen, öffnete sich die Saaltür mit Schwung und ein Unbekannter trat ein. Er forderte das junge Ding zum Tanz auf und wirbelte sie ohne Unterlass wie rasend herum. Schließlich schoss ihr Blut aus dem Mund, ergoss sich auch auf die Wand, und sie stürzte tot auf die Dielen. Der Teufel, das war natürlich der Eindringling, machte sich wieder von dannen. Das Mädchen aber fand auch im Grab keine Ruh. Noch immer steigt sie allabendlich zur mitternächtlichen Stunde aus ihrem Sarg und eilt zum Saal. Urplötzlich beginnt Musik zu spielen und sie fordert jeden, der sich zufällig dort aufhält, zum Tanz auf. Nimmt ein ehrbarer Christenmensch die Einladung an, ist sie erlöst. Doch darauf wartet sie noch heute.

Fromme und verliebte Frauen

Viele der Dörfer an der Nordseeküste können mit kleinen, sagenhaften Geschichten aufwarten. So auch das 178-Seelen-Dorf Katharinenheerd. Katharina und Heerda, arme, fromme Frauen, die auf Eiderstedter Höfen zwischen Gaarding und Tönning lebten, hatten im Laufe der Jahre immer mehr Mühe mit ihrem langen Kirchgang. Irgendwann kamen sie auf die Idee, auf ihrem Weg Steine mitzutragen, die sie für den Bau einer Kirche gleich in ihrer Nähe verwenden wollten. Irgendwann hatten sie schließlich einen beachtlichen Haufen zusammen und konnten mit dem Bau

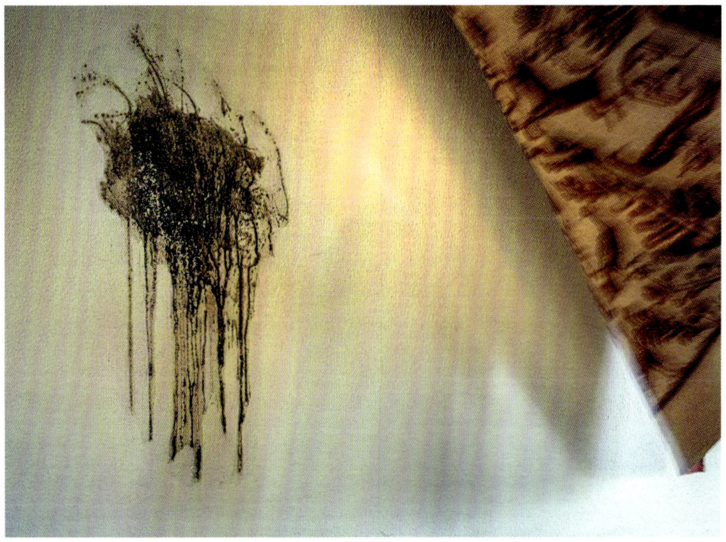

beginnen. Ihre Höfe wurden in einem Kirchspiel zusammengelegt, das nach ihrer beider Namen Katharinenheerd hieß. Das vor gut 900 Jahren erstmals erwähnte Kirchlein wurde St. Katharina getauft. Im »Dorf der Sagen« steuert auch die metallene Reiterfigur in der noch erhaltenen Dorfkirche eine Geschichte bei. Schließlich sollten Ross und Reiter, der heilige Georg, im Krieg nicht an den dänischen König ausgeliefert werden. Stattdessen wurde die kostbare Figur komplett auf einer Weide vergraben, bis die Gefahr vorüber war. Auch an die zehnjährige friesische Bauerstochter Martje Flohrs erinnert ein Gedenkstein an der Außenmauer der Kirche. Tapfer soll sie während des nordischen Krieges vor marodierenden Soldaten deren Trinkspruch »Up dat es uns wohl goh up unsre ohlen Tage« vorgetragen und damit Schlimmeres vom Ort abgewendet haben .

In St. Peter-Ording wird von einer anderen tugendhaften Frau berichtet. Maleen Knoll liebte einst einen jungen Seemann. Nach dessen nächster Fahrt sollte geheiratet werden. Doch seine Rückkehr zog sich in die Länge. Jeden Tag hielt Maleen

IN KATHARINENHEERDT, dem »Dorf der Sagen«, steht die die trutzige Kirche St. Katharina. ◁ An ihrer Außenmauer erinnert ein Relief an das Bauernmädchen Martje Flohrs, das das Dorf mit seiner Courage vor marodierenden Soldaten rettete.

von der höchsten Düne an St. Peters Küste nach dem Verlobten Ausschau. Sie entzündete ein Licht, auf dass der Liebste sie auf der Düne finden möge. Als das Licht eines nachts nicht leuchtete, waren die Dorfbewohner beunruhigt und schauten nach ihr. Doch sie fanden sie nur tot dahingestreckt. Nur wenige Wochen später gab die See den Körper eines jungen Mannes frei. An seiner Hand trug er den gleichen Verlobungsring wie Maleen. Ihr Geliebter war endlich zurück, doch für beide war es zu spät. Er wurde ebenfalls in Maleens Grab bestattet, zumindest im Tod waren sie nun vereint. Die Düne mit einer Aussichtsplattform heißt seitdem ihr zu Ehren »Maleens Knoll«.

Dithmarschen und der Pakt mit dem Teufel

Entlang der Küste von Nordfriesland und vor allem in Dithmarschen finden sich Zeugnisse einer wohlhabenden Bauernkultur, die sich lange gegen adlige Herrschaftsansprüche behaupten konnte. Die prächtigen Bauernhöfe, Zunft- und Ständehäuser erzählen Geschichten von selbstbewussten Landmännern und Handwerkern, aber auch von vielerlei Versuchen des Teufels, mit Ränken und Tricks die Seelen der Menschen zu kapern. An der Landstraße, nicht weit von Witzwort steht der prächtigste und berühmteste dieser Höfe, der mit einem mächtigen Reetdach gedeckte Rote Haubarg. Seine roten Backsteinmauern von einst sind allerdings längst kalkweiß gestrichen. Im Garten sitzt eine gehörnte Teufelsfigur selbstbewusst und mit listigem Blick auf einem Feldstein. Und eigentlich ist es diesem teuflischen Gesellen zu verdanken, dass Besucher heute im Café und Restaurant gut speisen und sich im Museum über Leben und Arbeiten der Menschen in den letzten 400 Jahren informieren können.

Einst soll an dieser Stelle eine schlichte Kate gestanden haben, in der ein armer junger Mann lebte. Nun verliebte er sich in die bezaubernde Tochter des reichen Schmieds schräg gegen-

über. Sie war ihm ebenfalls gewogen, auch der Mutter war es recht, nur der Vater wollte seine liebste Tochter nicht einem armen Schlucker zur Frau geben. Der verzweifelte Jüngling ging in seiner Not auf einen Pakt mit dem Teufel ein. Er verschrieb dem Satan seine Seele, sollte ihm dieser über Nacht bis zum ersten Hahnenschrei ein Haus mit 100 Fenstern bauen. Der Teufel sah seine Chance. Sobald die Dunkelheit hereinbrach, fing er an, die Hütte abzureißen und gleich die Eichenstämme für das Haus zu setzen. In unglaublicher Geschwindigkeit wuchsen die Mauern in die Höhe. Jetzt packte den jungen Mann die Panik, er lief zum Haus des Schmieds und weckte die beiden Frauen. Als die Mutter aus dem Fenster sah und ein fast fertiges Haus erblickte, musste er gestehen, dass er seine Seele aus Liebe zu ihrer Tochter dem Teufel verkauft hatte. Doch die patente Frau zögerte nicht lange, lief eilig zum Hühnerstall, packte den Hahn, würgte und schüttelte ihn. Der krähte los, er dachte, seine letzte Stunde hätte geschlagen. Nun wusste der verblüffte Teufel nicht, wie ihm geschehen war. Die Nacht schien vorbei zu sein. Mit dem Hahnenschrei hatte er die Wette verloren, denn das 100. Fenster war noch nicht eingesetzt. Wütend fuhr er zu dieser Fensteröffnung hinaus. Der Schmied staunte über den prächtigen Bau und sträubte sich nicht länger gegen eine Hochzeit. Aber die 100. Fensterscheibe fehlt noch immer, sooft man sie am Tage einsetzte, war sie doch am nächsten Morgen zerborsten.

ANNO DOMINI 1617

BEIM GOTTESDIENST IN ST. KATHARINA in Eiderstedt können die Gläubigen auf der Uhr (links) verfolgen, wie lange der Pastor auf der Kanzel (rechts) predigt. ◁ Neben dem Altar hat der Heilige Georg auf seinem Pferd die Gemeinde streng im Blick.

Das Örtchen Delve, am Rand von Dithmarschen schon auf der höheren Geest gelegen, wird von den Schleifen des Flüsschens Eider nach Osten begrenzt. Im 16. Jahrhundert markierte die damals schiffbare Eider die kurvige Trennungslinie zwischen dem dänischen Herzogtum Holstein im Osten und der Bauernrepublik Dithmarschen im Westen. Die Feldsteinkirche von Delve wird da schon mehr als 300 Jahre alt gewesen sein. Dabei war ihre Gründung wohl ein eher kompliziertes Unterfangen: Eine Kirche sollte her, soweit waren sich die Bewohner der Eiderniederung mit ihren Mooren und Marschen und die Siedler auf der Geest einig, aber über den Bauplatz gab es Streit. Schließlich beschloss man Anfang des 13. Jahrhunderts, das »Schicksal« entscheiden zu lassen. Einem Pferd wurde das Bild der Jungfrau Maria auf dem Rücken befestigt. Abends wurde die Stute zum Grasen freigelassen. Das Gebüsch im Bruch an der Eider, wo man sie am kommenden Morgen fand, sollte der Bauplatz für die Kirche sein. Auf der nahen Geest gab es genug Steine und Findlinge für Fundament und Mauern. Hier steht die schlichte romanische Feldsteinkirche St. Marien, die auch »Unse Leve Fru op dem Perde« genannt wird, noch heute.

Der »Goldbrunnen« von St. Michaelisdonn

St. Michaelisdonn liegt im südlichen Dithmarschen, etwa gleich weit vom Friedrichskoog, dem Kronprinzenkoog und anderen Kögen sowie der Elbmündung bei Brunsbüttel entfernt. Heute schützen mächtige Deiche, begrast und gefestigt von Hunder-

AUS ROT WIRD WEISS Nachdem der mit roten Ziegeln gedeckte »Rote Haubarg« abgebrannt war, wurde der mächtige Hof mit Reetdach wieder aufgebaut.
AUSGETRICKST Der Teufel dachte, er ist schlau, doch die Mutter der Braut war schlauer.

ten von Schafen, die satten Weiden. Gleich daneben Kohlfelder soweit das Auge reicht. Die Region um Marne ist das größte zusammenhängende Kohlanbaugebiet Europas. Im Osten markiert der Nord-Ostsee-Kanal in etwa die Grenze zwischen den heutigen Kreisen Dithmarschen und Steinburg. Die Marschen liegen hier höher als im benachbarten Nordfriesland. Der Übergang von den Marschen zur Geest zeigt sich besonders deutlich bei dem Kleve genannten Kliff, einem rund 30 Meter hohen Hang gleich südlich von St. Michaelisdonn. Dieser Klevhang war vor mehreren Tausend Jahren die Steilküste zur Nordsee. Auf der dazugehörigen Sanddüne, der Donn, entstanden später Siedlungen, das heutige St. Michaelisdonn. Davor gab es in Richtung Westen weite Salzwiesen, die immer wieder von der Nordsee überflutet wurden.

Versenkt in der Tiefe

Klares Trinkwasser war schon immer ein wertvolles Gut. Eine der sprudelnden, früher von Feldsteinen eingefasste Quellen auf dem Hang hieß »Goldsoot«. Doch das kostbare Trinkwasser mag nicht der einzige Grund gewesen sein, die Quelle »Goldbrunnen« zu nennen. Nach alten Überlieferungen soll Herzog Erich von Sachsen-Lauenburg zu Beginn des 15. Jahrhundert auf einem Feldzug gegen die freien Dithmarscher beim Klevhang an Land gegangen sein. Das Dörfchen Bordorp, längst Teil von St. Michaelisdonn, ließ er plündern und niederbrennen. Ein schlauer Schäfer, so will es die Erzählung, soll jedoch vorher den Schatz des Dorfes am Hang vergraben haben. Gefunden wurde dieser allerdings nie.

Der Dithmarscher Sagenfundus hält noch eine andere, ebenso mit Fragezeichen versehene Variante zum »Goldsoot« bereit. Danach wurde vor langer Zeit ein Dorf in der Nähe des Klevhangs erst von kriegerischen Auseinandersetzungen verwüstet, dann noch von der Pest heimgesucht. Ein Hirte überlebte als Einziger. Alles, was ihm in dem menschenleeren Ort von Wert erschien,

HOLLÄNDERSTÄDTCHEN Grachten und Giebelhäuser in Friedrichstadt. Holländer sollten vor 400 Jahren die Marsch für eine Handelsmetropole trockenlegen.

trug er zusammen. Doch ihm lag am Reichtum selbst nichts, nur sollten nicht die nächsten marodierenden Soldaten erneute Beute machen. Also versenkte er alles im tiefen Brunnen der Quelle. Möglicherweise war er dabei beobachtet worden, denn das Gerücht über den Schatz im Brunnen, dem »Goldsoot«, machte die Runde. Mancher versuchte den Schatz zu heben, doch keinem gelang es. Einige meinten sogar, dass er in der Tiefe von einem kleinen grauen Männlein mit Dreispitz bewacht würde. Schließlich gingen drei kräftige Burschen aus der Nachbarschaft ernsthaft ans Werk. Sie gruben und gruben, bis sie auf einen massiven Braukessel stießen. Unmöglich, ihn einfach zu heben. Von einem kräftigen Rundholz auf dem Brunnenrand führten sie zwei Seile zu den beiden Henkeln des Kessels, drehten ihre Winde und bewegten ihn zentimeterweise nach oben. Sie mussten vorsichtig sein und schweigsam zu Werke gehen. Ein lautes Wort – und alles wäre umsonst.

Plötzlich kam ein Kutschwagen vorbei, gezogen von sechs weißen Mäusen. Sie sagten kein Wort. Dann ritt das graue Männlein auf einem dreibeinigen Pferd aus dem Brunnen, lüpfte den Dreispitz mit einem freundlichen »Guten Abend!« Wieder keine Reaktion. Doch bei der Frage »Gelingt es noch, ein Fuder Heu zu holen?« hatte einer der drei Schatzsucher genug und stieß eine lautstarke Verwünschung aus. Kracks! Prompt brach das Rundholz entzwei und der Schatz rauschte wieder in die Tiefe – auf Nimmerwiedersehen.

Meldorfs silberne Apostel

Das Flüsschen Miele verbindet die größte Stadt Dithmarschens seit jeher mit der Nordsee. Schon vor mehr als 1000 Jahren kamen die freien Bewohner auf dem Thingplatz zusammen, um ihre Angelegenheiten zu besprechen. Bis ins 15. Jahrhundert berieten hier die Vertreter der unabhängigen Dithmarscher Bauern. Meldorfer Dom nennen die Einheimischen ihre imposante Backsteinkirche aus dem 13. Jahrhundert, auch wenn die St.-Johannes-Kirche nie Bischofssitz war. Doch das mächtige Gemäuer birgt auch einige Geheimnisse.

Einst soll die Kirche durch unterirdische Gänge mit den Unterkünften des Meldorfer Dominikanerklosters verbunden gewesen sein. Als die Reformation vor rund 500 Jahren auch nach Meldorf kam, sollen die Mönche kostbare silberne Apostelbilder und andere Kirchenschätze hier verborgen haben. Verschiedene Versuche, die geheimnisvollen Kostbarkeiten aufzuspüren, blieben erfolglos. Doch eines Tages trug der Knecht des Probstes der Dienstmagd heimlich und gegen eine Belohnung auf, eine Schuhbürste aus dem Keller zu holen. Die Magd kannte die Gerüchte nicht und machte sich auf den Weg. Sie fand keine Bürste, entdeckte aber ein schwaches Licht hinter einer spaltweit geöffneten Tür. Dahinter entdeckte sie ein altes Männlein vor einem Tisch, der fast unter einer Silberlast zusammenbrach. Sie tippte ihm auf die Schulter, doch da zerfiel der Mann plötzlich zu Asche. Die Magd sammelte so viel Silber, wie sie tragen konnte, und eilte zur Treppe. Doch eine unheimliche Kraft riss sie zurück. Am nächsten Morgen fand man sie ohnmächtig und ohne Silber am Fuße der Treppe liegen. Der Kirchenschatz wurde bis heute nicht gefunden.

Niebüller Packstube

AUF DER WARFT Der 1370 errichtete Turm von St. Stephanus in Westerhever soll mit Trümmern der berüchtigten Wogemannsburg erbaut sein.

BLAU WIE DAS MEER Das blaurote Gestühl im Innenraum von St. Stephanus erinnert an die Halligkirchen.

WEITBLICK Wer das Panorama über Eiderstedt, Watt und Halligen genießen will, muss zunächst 157 Stufen im Inneren des Leuchtturms von Westerhever erklimmen. ▽▽

*»Ans Haff nun fliegt die Möwe,
Und Dämmerung bricht herein;
Über die feuchten Watten
Spiegelt der Abendschein.*

*Graues Geflügel huschet
Neben dem Wasser her;
Wie Träume liegen die Inseln
Im Nebel auf dem Meer.
Wie Träume liegen die Inseln
Im Nebel auf dem Meer.«*

Theodor Storm:
Meeresstrand

NICHT LAND, NICHT MEER Von der amphibischen Landschaft im Eiderwatt geht eine besondere Faszination aus.

MALEENS VERZWEIFLUNG Wo Maleen einst vergeblich nach ihrem Verlobten Ausschau hielt, führt heute eine bequeme Treppe zur Aussichtsplattform bei St. Peter-Ording. Am Fuße der Dünen fanden Einwohner die tote Maleen, verstorben am gebrochenen Herzen.

DIE KÜSTE ZWISCHEN ELBE UND WESER

DICKE BERTA Das gedrungene Leuchtfeuer bei Cuxhaven war das Pendant zur inzwischen neu erbauten Schlanken Anna. Beide wiesen bald 100 Jahre lang Schiffen den Weg in die Elbmündung.

Liebe, Tod und Teufel

Ein Wanderer, der gut ausschreitet, benötigt nur acht Stunden für die knapp 40 Kilometer lange Strecke von Cuxhaven nach Bremerhaven. Doch was für eine Fülle von Sagen, Märchen und ungewöhnlichen Geschichten diese recht überschaubare Region zwischen Elb- und Wesermündung bereithält! Moore und Heidelandschaften, Marschwiesen, das inzwischen als Nationalpark und Weltnaturerbe der UNESCO geschützte Watt und viele Seefahrergeschichten scheinen ein guter Nährboden für übernatürliche Phänomene und Fantasien zu sein.

Christliche Zeit und vorchristliche Mythen vermischen sich in der Vorstellung, dass in den zwölf Tagen zwischen dem Ersten Weihnachtstag und dem Dreikönigstag, den sogenannten Raunächten, die nordische Gottheit Wodan als wilder Jäger »Wode« mit einer Meute von geifernden schwarzen Hunden durch die Lüfte jagt. Vor Sonnenuntergang müssen dann Türen und Tore verschlossen werden, damit er nicht eindringen und Unglück bringen kann. Auch andere von der »neuen« Religion vertriebene Götter ziehen in diesen Nächten umher. Kein Tier darf jetzt mit seinem richtigen Namen angesprochen werden, denn vielleicht verbirgt sich darin ja eine Gottheit und ist dann beleidigt. Hexen rasen jetzt auf ihren Besen über den Himmel, nur durch einen quer liegenden Besen vor der Haustür vom Eindringen abgehalten. Die zwölf Tage zeigen sich auch sonst ziemlich verrückt, sie bringen täglich anderes Wetter und sind gut für wilden Aberglauben. So heißt es: Befällt Büsche und Bäume in den Nächten starker Reif, so kann man in der Erntezeit viel Korn und pralles Obst einfahren. Wer jetzt draußen Wäsche zum Trocknen aufhängt, läuft große Gefahr, bald an Krebs zu sterben. Stirbt jemand in dieser besonderen Zeit, hat das zwölf weitere Tote in unmittelbarer Zukunft zur Folge, ebenso verhält es sich mit Hochzeiten. Und wer jetzt Brot bäckt oder ein Schwein schlachtet, dem wird alles unter den Händen verschimmeln.

Eine ganz eigene Sage umgibt auch die Entstehung des Wattenmeeres vor der Küste. Weder die Drehung der Erde noch die Anziehungskraft des Mondes spielen darin eine Rolle, es ist allein enttäuschte Liebe, die für dieses spektakuläre Naturphänomen verantwortlich ist: Lange hatte der König von Jütland um die Königin von England geworben. Doch kurz bevor die Heirat in die Wege geleitet werden sollte, verliebte sich der dänische Herrscher in ein bezauberndes junges Mädchen. Außer sich vor Zorn befahl die bloßgestellte Monarchin ihren Untergebenen, das Land zwischen England und Frankreich wegzuschaufeln. Nach sieben Jahren unermüdlicher harter Arbeit war es so weit. Die Fluten des Ärmelkanals ergossen sich mit gewaltiger Macht in den ausgehobenen Graben, bis hinauf in den Norden Deutschlands. Aber neben vielen Tausend Arbeitern wurde auch die Königin von den Wassermassen fortgerissen. Sie hatte das Spektakel von einer vermeintlich sicheren Insel aus genießen wollen.

Cuxhaven und die Liebe

Die »Alte Liebe« gehört zu den bekanntesten Attraktionen von Cuxhaven. Der freie Blick über das Mündungsdelta der Elbe und den nicht abreißenden Strom von kleinen Schiffen und Riesenpötten, die zwischen Nordsee und Hamburg oder zum Nord-Ostsee-Kanal fahren, fasziniert Besucher und Einwohner gleichermaßen. Lange war der markante Aussichtspunkt, gegen den im Herbst nicht selten die Wogen der aufgewühlten See peitschen, Anlegebollwerk für den Seebäderverkehr zu den Nordseeinseln. Meeresströmungen, Wind und Wetter haben seit eh und je an der Küste genagt und den Mündungsstrom der Elbe im Laufe der Jahre weiter nach Süden verschoben. Drei mit Sand und Steinen voll beladene und dann versenkte Schiffe sollten vor knapp 300 Jahren am Südufer des Flusses helfen, die Erosion zu stoppen. Eines von ihnen hieß »Liebe«, ein anderes »Olive«. Mit ein wenig Fantasie erinnert die »Alte Liebe« an den Namen eines der beiden Schiffe.

Es gibt jedoch noch eine viel dramatischere und auch traurigere Erklärung für den schönen Namen, die allerdings etwas mehr an Fantasie bedarf. Es ist die Geschichte von Else und Lorenz. Sie waren Sandkastenfreunde, doch irgendwann wurde aus Freundschaft Liebe. Beiden war klar, dass sie füreinander

HAMBURG UND SEIN WATTENMEER Klein, aber oho. Auch Hamburg hat rund um seine Insel Neuwerk seinen Anteil am Weltnaturerbe des Wattenmeeres. Einst soll hier eine zauberhafte Prinzessin gewohnt haben.

bestimmt waren. Auch gegen den Widerstand ihrer Mütter wollten sie sich durchsetzen. Lorenz heuerte an Bord eines Schiffes an, um etwas Geld zu verdienen, doch die geringe Heuer reichte nicht, um gleichzeitig seine Mutter zu unterstützen und eine Familie zu gründen. Schließlich, nach vielen Jahren und kurz vor ihrem Tode, lenkten beide Mütter ein. Das immer noch verliebte Paar konnte endlich heiraten. Im Frühjahr musste Lorenz wieder auf große Fahrt. Am Tag seiner Rückkehr wartete Else am Ufer. Da kam tatsächlich das Schiff mit Lorenz, der am Bug stand und ihr aus der Ferne zuwinkte. Doch eine plötzliche starke Seitenböe und ein gewaltiger Brecher rissen ihn über Bord. Einen Tag später wurde Elses Leichnam am Strand gefunden. Ein Fischer erzählte, dass in dem Moment, als sich die beiden Liebenden zuwinkten, sein Schiff mit der gesamten Besatzung bei der weit entfernten Insel Helgoland in der wilden Nordsee versunken sei. Der Ort, an dem Else ihren Mann vermeintlich zuletzt sah, wird seitdem »Alte Liebe« genannt.

Wasserkönig, Blumenprinz und die Insel Neuwerk

Liegt nicht gerade Nebel über Land und Watt, ist die Insel Neuwerk vom Cuxhavener Nordseestrand bei Duhnen gut auszumachen. Der 45 Meter hohe gemauerte Turm von 1310, einst Wehrturm, aber auch Leuchtfeuer, Seezeichen und Aussichtsturm, ist von weither zu sehen. Bei Ebbe besuchen Urlauber das zum Hamburger Stadtgebiet gehörende Eiland im Rahmen von geführten Wanderungen, auf Pferden oder Kutschwagen auf dem zwölf Kilometer langen Prickenweg. Die nur drei Quadratkilometer große grüne Insel ist von kargem Reiz.

Einst soll das ganz anders gewesen sein, zumindest wenn man der Legende glaubt. Da ragte das heutige Neuwerk stolz aus der Nordsee empor, war von Wäldern und Gehöften mit üppigen Gärten bedeckt. Goldene Früchte hingen an silbrigen Bäumen, im Boden glitzerten Smaragde. Die Königin der Insel kümmerte

SAGEN ÜBER SAGEN Nordleda ist sagenhaft, Friesenschlachten, Geistermessen, Untote. Die Kirche St. Nicolai im kleinen Land Hadeln ist schon über 700 Jahre alt.

sich um das Wohlergehen der Inselbewohner und das Glück ihrer Tochter. Kein Wunder, dass sie bei ihren Untertanen so beliebt war. Auch Prinzessin Augentrost muss ein liebreizendes Geschöpf gewesen sein, und wunderschön. Jeder suchte ihre Nähe, um etwas von ihrem Glanz zu spüren. Bewerber um ihre Hand gaben sich die Klinke in die Hand, doch keiner der Prinzen aus nah und fern vermochte ihre Gunst zu gewinnen.

Eines Tages stand plötzlich ein neuer Freier vor der Tür, ein Riese, der Wasserkönig von Wangerooge, der ein Prinzesschen für seinen Palast und sein Bett suchte. Voll Angst verbarg sie sich sofort in einer Laube im Garten. Dort stieß sie, zu ihrer großen Überraschung, auf einen schüchternen Jüngling, der sich als Herrscher der Blumeninsel Terschelling entpuppte und ihr seine Liebe gestand. Auch die Prinzessin entflammte voll Zuneigung, beide wollten sogleich die Mutter um ihren Segen bitten und eilten, allerdings auf getrennten Wegen, zum Palast. Gleichzeitig war der Wasserkönig von Wangerooge bei der Königin vorstellig geworden. Seine riesige Gestalt hinderte ihn, den Palast zu betreten, die Audienz wurde im Vorhof gewährt. Als die Prinzessin hörte, wie der Riese seine Bewerbung vorbrachte, schrie sie nur in Panik: »Ich will ihn nicht!« »Wie, was, nicht!?«, brüllte der Wasserkönig, sodass die Wände des Palastes erbebten. Da machte sich der Blumenprinz von Terschelling bemerkbar: »Auch ich möchte um ihre Hand anhalten. Und einig sind wir uns außerdem.« Glücklich jauchzte die Prinzessin: »Das ist der, den ich liebe!« Der Riese stieß einem urtümlichen Schrei aus, hob den Prinzen vom Boden hoch und strich mit der anderen Hand über seinen Körper. »Ich zeige euch, dass ich nicht nur kräftig, sondern auch des Zauberns mächtig bin.« Vor den Augen aller verwandelte sich der Prinz in einen Papagei, farbenprächtig zwar, aber nicht größer als ein Vogel. Den schnappte sich der Riese mit den Worten »ich komme wieder«, watete durch das Meer zu seiner Insel, sperrte den Papagei in einen Käfig und machte sich sogleich wieder auf den Weg nach Neuwerk. Dort wollte man ihn trotz seiner Machtdemonstration nicht erhören. »Damit ist euer Verderben beschlossen«, grollte der Wasserkönig und sprang rücklings ins Meer. Der Himmel verdunkelte sich, die Wogen schlugen hoch, und als sich das Unwetter verzogen hatte, war von der paradiesischen Insel nicht mehr viel übrig. Auch die Königin mit ihrer Prinzessin und allen Untertanen waren unter den auf das Eiland geschleuderten Sandmassen begraben. Am Ende des Jahres erlaubte der Riese dem verzauberten Prinzen, nach Neuwerk zu flattern und nachzuschauen, ob die Prinzessin ihre Meinung geändert habe. Dann sollte er zurückkommen, sonst erginge es ihm schlecht. Der Papagei sah den Sandhaufen über der Prinzessin, schwor ihr seine ewige Liebe, nahm einen Schnabel voll Sand auf und ließ ihn beim Rückflug ins Meer rieseln. Das wiederholte er Jahr um Jahr, bis der Sand abgetragen war. Und wenn Gottes Gnade ihn einst findet, wird er selbst gerettet und die Prinzessin unter Neuwerk befreien können. So geht zumindest die Sage.

Die Friesenschlacht bei Nordleda

Das Land Hadeln und das Land Wursten waren im Mittelalter lange Zeit hindurch zwei Bauernrepubliken, die ihre Rechte immer wieder gegen kirchliche oder weltliche Herrschaft und Ansprüche zu verteidigen suchten. Hadeln liegt gleich südöstlich von Cuxhaven, Wursten südwestlich, entlang der Nordseeküste. In beiden Gebieten gelang es den Bauern, den ausgedehnten Marschen durch Eindeichung neues Acker- und Weideland abzugewinnen. Schnurgerade Entwässerungsgräben und -kanäle ziehen sich auch heute durch die fruchtbare Marschlandschaft. Dabei waren die Hadelner und die Wurster im Mittelalter immer wieder in Kämpfe gegeneinander verstrickt, wie zum Beispiel am Freesenhörn. Die Gegend ist heute Teil der 1000-Seelen-Gemeinde Nordleda, eines kleinen Orts mit außergewöhnlich vielen Geschichten.

Eine davon handelt von einer blutigen Schlacht und gilt als Höhepunkt des langen Konflikts zwischen beiden: Als die Wurster gegen Ende des 15. Jahrhunderts in einem frostigen Winter wieder einmal gegen die Hadelner zogen, konnten sie zwar die hart gefrorenen Moore und Feuchtwiesen überwinden, doch die Hadelner hatten rechtzeitig von dem Überfall erfahren und errichteten bei Osterwanna eine Stellung. Deren Position heißt noch heute Schanze. Die Wurster umgingen die schwer einnehmbare Befestigung, immerhin versprachen eilig verlassene Bauernhöfe lohnende Beute. Doch die Hadelner setzten nach und stellten die zersplitterte Streitmacht der Eindringlinge. Nur wenige der friesischen Wurster konnten fliehen, die Mehrzahl starb, erschlagen auf dem Schlachtfeld. Auch ein neuer Anlauf mit frischen Reserven misslang. Wieder waren die Marschböden mit getöteten Kämpfern übersät. Ein Sieg für die Hadelner, aber so blutig und nachhaltig, dass er die jahrzehntelangen Kämpfe zum Erliegen brachte. Der Ort zwischen Wanna und Nordleda, an dem die friesischen Wurster ihre desaströse Niederlage erlitten, heißt bis heute »Freesenhörn«.

Gruselige Geistermesse

In eben diesem Nordleda soll sich zu einer Zeit vor der Reformation auch die folgende gruselige Geschichte zugetragen haben: Eine fromme Frau, die durch das Läuten der Kirchenglocke erwachte, zog sich zügig an und schlurfte so schnell es ging in das Gotteshaus, um die Frühmesse nicht zu verpassen. Die Kirchentür stand weit offen und die Bänke waren schon gut gefüllt, ungewöhnlich für diese Uhrzeit. Als sie nach einem stillen Gebet ihren Platz wieder eingenommen hatte und die Augen aufschlug, bemerkte sie, dass sie von vielen Kirchenbesuchern umringt und beäugt wurde. Mit blankem Entsetzen erkannte sie die Gesichtszüge einiger Verstorbener, die längst auf dem Kirchhof begraben waren. Das Blut gefror ihr in den Adern und sie hastete dem Ausgang entgegen, durch eine Gasse der übrigen Kirchenbesucher. Hinter ihr schlugen die Türen der Kirche mit dumpfem Knall zu. Wenige Sekunden später läutete die Turmuhr ein Mal. Da wurde der frommen Frau klar, dass sie nicht an der Morgenmesse teilgenommen hatte, sondern irrtümlich in der Geisterstunde in eine Messe der Toten geraten war.

Der Spuk von Latten Tamm

Auch die Geschichte von Latten Tamm spielt im Marschendorf Nordleda. Der wohlhabende Mann wohnte im prächtigen Klosterhof, der früher einmal im Besitz des Klosters Neuenwald gewesen war. Reich war er, sein Haus prächtig möbliert, und er streute seine Fußböden nicht etwa mit Sand, sondern mit Weizenmehl. Doch beliebt war er nicht gerade. Arme, die um ein Almosen baten, wies er barsch ab. Als ein Habenichts ihn während einer fetten Mahlzeit wagte anzusprechen, vertrieb er ihn mit einem Knüppel. Da verfluchte ihn der Bettler: »Schlecht soll es dir gehen zu Lebzeiten, und auch im Grab sollst du keine Ruhe finden!« Tatsächlich siechte Tamm bald darauf dahin und wurde auf dem Friedhof begraben. Doch immer wieder gab es Geschichten, dass er, in mondhellen Nächten unstet umherirrend, gesichtet wurde und Nachfolgern auf seinem Hof unruhige Stunden bescherte. Die Gerätschaften im Backhaus waren oft morgens durcheinander geworfen. Eine Magd, die spätabends dort noch etwas erledigen musste, wurde hinterrücks mit einem Schlag zu Boden gestreckt. Auch aus dem Pferdestall waren nachts oft merkwürdige Geräusche zu vernehmen. Die Bewohner versuchten mit allerlei Tricks, Latten Tamms Geist zu vertreiben. Doch erst als man ihm auf Rat des Pastors eine eigene kleine Behausung unter dem Wohnhaus einrichtete und der Pastor ihm auftrug, dort die Sandkörner in einem Sandsack zu zählen, hörte man von Latten Tamm nichts mehr.

Des Teufels Jagd nach den Seelen

Wer meint, das Land Wursten habe seinen Namen wegen besonders schmackhafter Würstchen erhalten, liegt doppelt falsch. Er leitet sich ab von Wurten, aufgeschütteten Erdhügeln, die in Nordfriesland Warften heißen. Nicht wenige Gehöfte und auch Kirchen sind auf ihnen errichtet, als zusätzlicher Schutz, sollte bei einer Sturmflut einmal der Deich nicht halten. Würstchen gehören hier ohnehin nicht zu den typischen Gerichten, vielmehr gibt es zahlreiche Kutterhäfen, wie in Dorum oder Wremen, an denen Fischerboote ihre Fänge verkaufen. Ein besonderer Genuss: frisch gefangene und noch an Bord gekochte Krabben, die hier Granat heißen. Wenn dann noch die magische Stimmung zur »blauen Stunde« hinzukommt, nachdem die Sonne gerade hinter dem Horizont verschwunden ist, mag man alle auch noch so unwahrscheinlichen Geschichten glauben, die hier an der Küste erzählt werden.

Auch das »Teuflische Bülzenbett« beim Örtchen Sievern zwischen Wremen und Bremerhaven ist dann nicht einfach eine steinzeitliche, rund 7000 Jahre alte Hünengrabanlage. Die Sage berichtet vielmehr, dass heidnische Bewohner dem Teufel hier ihre Gefangenen geopfert haben sollen. Jedenfalls so lange, bis ein Priester den Ort weihte. Da nahm der Beelzebub Reißaus, allerdings nicht ohne voller Wut den massiven obersten Stein zu zertrümmern.

TEUFLISCHE UMTRIEBE Das Bülzenbett bei Sievern ist für Archäologen eine jahrtausendealte Grabanlage, andere wissen, dass hier einst gefangene Krieger dem Teufel geopfert wurden.

Der Teufel hatte auch bei der Sage um Eide Fouwes seine Finger im Spiel. Der reiche Bauer liegt gemeinsam mit seiner Frau Simme unter dem prächtigsten Porträtgrabstein von Land Wursten bestattet. Der wiederum steht auf dem Friedhof der einst von Zisterziensermönchen begründeten St.-Peter-und-Paul-Kirche in Cappel, gleich nördlich von Dorum. Eide Fouwes und einer seiner Söhne standen schon als Vögte an der Spitze von zwei der acht Kirchspiele, sein Bruder bekleidete zudem den Posten eines Landesvorstehers. Das Privileg einer eigenen Gerichtsbarkeit war sein nächstes Ziel. Klar, dass das bei den freiheitsliebenden Bauern in Land Wursten nicht gerade Begeisterung auslöste. Auch der von Kaiser Leopold in Wien verliehene Adelstitel, wonach sich die männlichen Familienmitglieder »Faust von und zu Neufeld« nennen durften, steigerte

PINGELTURM wird der Leuchtturm Kaiserschleuse Ostfeuer in Bremerhaven im Volksmund etwas respektlos genannt. Markant ist er dennoch mit seinem wilhelminischen Gepräge und einer Nebelglocke an der Seite.

MARITIMES BREMERHAVEN an der Wesermündung. Der Alte Hafen mit Klimahaus und Aussichtsplattform Sail City

JAWORT AUF DEM LEUCHTTURM Das frühere Leuchtfeuer Eversand mit seiner ungewöhnlichen Gitterkonstruktion übt auf Heiratswillige eine magische Anziehungskraft aus.

nicht gerade seine Beliebtheit. Die Wurster Bauern belegten erfolgreich, dass der Titelantrag mit einem gefälschtem Stammbaum eingereicht worden war. Und sie setzten gleich noch eine deftige Sage über die Familie und deren enge Verbindung zum Teufel in die Welt. Einen Pakt, der an die faustische Tragödie erinnert, sollen beide geschlossen haben. Demnach waren Fouwes vom Teufel immer trockener Boden unter den Füßen und süße Früchte vom Kirschbaum im Tausch gegen seine Seele versprochen worden. Doch als Eide Fouwes zum Sterben daniederlag, wollte er von dem Pakt nichts mehr wissen. Kurzerhand riss ihn der Teufel nun vom Sterbebett durch eine Öffnung in der Wand und fuhr mit ihm direkt in die Hölle. Trotz vieler Bemühungen ließ sich die Öffnung in der Mauer nicht mehr schließen. Erst als die Wand komplett durch eine neue ersetzt worden war, tauchte das Teufelsloch nicht wieder auf.

Freiheitskämpfe der Wurster

Die Wurster lagen nicht nur mit den Hadelnern im Streit. Mehr noch setzten ihnen die Herrschaftsansprüche des kirchlichen und weltlichen Adels zu. Am südlichen Pier des Wremer Kutterhafens erinnert eine Gedenktafel an Tjede Peckes, Legende der mittelalterlichen Frauenbewegung im Land Wursten. Wieder ging es um Abhängigkeiten und Steuern, die von den selbstbewussten Bauern hier nicht akzeptiert wurden. Nach langer und harter Arbeit hatten die Wurster Friesen im Jahre 1517 dem Meer mit neuen Deichen weitere Ländereien abgerungen, da meldete sich bereits der Bremer Erzbischof: Für das von ihnen selbst geschaffene neue Land sollten die Bauern nun Steuern an den Erzbischof entrichten. Keine Überraschung, dass ein spontaner Aufruhr losbrach. Der Kirchenfürst schickte sogleich ein großes Söldnerheer, um den Aufstand niederzuschlagen. Die Verteidiger mobilisierten Männer, denen sich auch einige Frauen anschlossen. Die weiblichen Mitglieder dieser Bauernmiliz sahen sich als unabhängige – und wahrscheinlich auch unverheiratete – Kämpferinnen in der Tradition der heiligen Maria und der heiligen Katharina, die als Schutzpatronin mehrerer Kirchen in der Region verehrt wurden. Tjede Peckes aus Padingbüttel war die bekannteste von den frühen Vorläuferinnen der Frauenbewegung unserer Tage. Mit noch jugendlichen 17 Jahren soll sie am 23. Dezember 1517 mit anderen Mitkämpferinnen bei der Schlacht am Wremer Tief gefallen sein.

»Wurster Bauern Freiheit in Jahrhunderten stolz gewahrt, erlag in blutigem Kampf gegen Söldnerübermacht des Erzstifts Bremen am 9. August 1524 auf dem Kirchhof zu Mulsum. Frei blieb ihr Wesen doch allzeit.« Markige Worte auf einer Erinnerungstafel am Mulsumer Kirchhof. Die Bauern im Land Wursten waren stolz darauf, außer dem Kaiser weder Grundherren aus der Umgebung noch Kirchen oder Klöster als ihre Herren anzuerkennen – anders als alle Bewohner der benachbarten Geest. Christoffer von Braunschweig, der katholische Erzbischof von Bremen, wollte dem 1524 ein für allemal ein Ende setzen. Eine Streitmacht von 8000 Landsknechten und 1500 bewaffneten Reitern fiel ins Bauernland ein. Gegen diese Übermacht hatte die Bauernmiliz keine Chance. Nach der Schlacht bei Mulsum lagen bald 1000 tote Wurster an der Kirchhofmauer aufgereiht und die siegreichen Soldaten plünderten das Land und brannten Dutzende Höfe nieder. Wegen ihres anhaltenden Widerstands wurden die verbliebenen Bauern mit einer jährlichen Steuer von 60 Ochsen und 200 Schweinen belegt.

Strandpiraten

Der Leuchtturm Obereversand ragt genau 37,4 Meter über Niedrigwasser aus dem Wattenmeer beim Dorumer Hafen. Das Leuchtfeuer des markanten Turms, der eher an eine Bake erinnert, ist viele Kilometer weit in der Nordsee auszumachen. Damit haben Strandräuber heute schlechte Chancen. Das war

SPUR DER STEINE Sand, Muscheln und Steine satt an den Nordseestränden
KALTBLÜTER Als geduldige Zugpferde auch auf den Nordseeinseln gefragt

früher anders, und gerade die Wurster hatten einen geradezu berüchtigten Ruf, gestrandete Schiffe auszuplündern. Abkommen mit Handelsstädten wie Bremen oder Hamburg regelten zwar, dass auf Grund gelaufene Schiffe nicht ausgeraubt werden durften, solange sich noch lebende Besatzungsmitglieder an Bord befanden, doch Wurster Strandpiraten sollen nicht zimperlich gewesen sein.

Chronisten erzählen, dass Überlebende manches Mal kurzerhand erschlagen wurden, damit keiner von der frevelhaften Plünderung berichten konnte. Auch von sogenannten »Strandgebeten« wird berichtet, bei denen himmlischer Beistand dafür erfleht wurde, dass viele Schiffe am heimischen Strand Schiffbruch erleiden mögen. Im Jahr 1442 soll sich ein besonders spektakulärer Strandraub ereignet haben: Ein Orkan hatte eine reich beladene Hamburg-Kogge ans Land gedrückt und 20 bis 30 Wurster Strandpiraten schleppten kostbare Öle, Medizin, Datteln und Reis von Bord, obwohl noch Matrosen auf dem Schiff waren. Sogar der Papst wurde eingeschaltet und belegte die Wurster mit einem Bann. Doch die hatten alles schon längst weiterverkauft. Es gelang ihnen, die ganze Geschichte zu verschleppen, bis der Bann schließlich aufgehoben wurde.

Späte Gerechtigkeit für Hake Betken

Es ist inzwischen mehr als 400 Jahre her, dass ein rechtschaffener und angesehener Bauer und Viehhändler namens Hake Betken siene Duwen aus dem Dörfchen Büttel in Land Wursten einer habgierigen Bande zum Opfer fiel und die böse Tat erst durch wundersame Weise aufgedeckt wurde. Hake Betken lebte auf einem prächtigen Marschenhof an der Unterweser, den seine Vorväter einst dem Meer abgerungen hatten. Im Oktober 1618 hatte er auf dem Viehmarkt von Hannover prachtvolle Ochsen verkauft und ritt nun mit praller Brieftasche auf seinem braunen Hengst zurück nach Hause.

Ein ihm bekannter Bauer aus Wremen, der Sohn des dortigen Vogts, schloss sich ihm an. Auch zwei Unbekannte, einer aus Land Hadeln, der andere aus dem fernen Berlin, gaben an, in ihre Richtung unterwegs zu sein. Die zunehmenden Auseinandersetzungen zwischen den Katholischen und den Protestanten waren ein Gesprächsthema. Schlecht fürs Geschäft, meinten die Viehhändler und schauten neidisch auf die Wölbung in der Kleidung von Hake Betken, wo sie seine Brieftasche vermuteten. Abends in Bremen angekommen, überredeten sie Hake, weiter nach Lesum zu reisen. Sein Pferd sei doch noch ziemlich munter. Schließlich stachelten sie ihn zu einer Wette an: Wer als Erster den nächsten Wald durchquere, solle einen Schuss abgeben, als Signal für die anderen. Dass die anderen den reichen Viehhändler mit Absicht gewinnen ließen, bemerkte dieser nicht und jagte erfreut über seinen Triumph eine Kugel in den Himmel. Das sollte sich rä-

chen, denn die anderen wussten, dass er nun wehrlos war, weil er erst nachladen musste. Als sie ihn vom Pferd rissen und auf ihn einschlugen, flog eine Schar Tauben auf. Hake Betken konnte noch ausrufen »Ji Duben, ji Duben bringt dat an den Dag!« (Die Tauben bringen es an den Tag!), dann war er tot und wurde von der Mörderbande verscharrt, die zuvor noch seine Barschaft aus der Jacke raubte.

Bald suchten seine Knechte und Nachbarn nach ihm, da kam sein Pferd allein in den Hof getrabt und führte sie wenig später zum Tatort. Hake Betkens Leichnam wurde wieder ausgegraben und auf dem Bütteler Kirchhof bestattet. Die Suche nach den Mördern verlief zunächst erfolglos. Erst als auf dem Dedesdorfer Markt, nicht weit von der Weserfähre, ein Schwarm Tauben aufflog und einer der Mörder unvorsichtigerweise ausrief: »Schau! Hake Betkens Tauben!«, wurden die Umstehenden aufmerksam. Schließlich konnten alle Mörder festgenommen und vor Gericht gestellt werden.

Der Tatort, ein Landschaftsbuckel beim nahen Heilshorn, etwa acht Kilometer westlich von Osterholz-Scharmbeck, heißt nun im Volksmund Mörderberg. Am 400. Jahrestag der bösen Tat wurde dort eine Tafel mit der Inschrift aufgestellt: »Am 27. Oktober 1618 wurde an dieser Stelle der reiche Viehhändler Hake Betcken aus Büttel von drei Ganoven ermordet. Seitdem wird dieser Hügel ›Mörderberg‹ genannt.«

» Blaue Nacht, o blaue Nacht am Hafen
In der Ferne rauschen Meer und Wind
Und die Schiffe liegen still und schlafen
Die von weit, weit her gekommen sind … «

Lale Andersen:
Blaue Nacht am Hafen

MAGISCH Blaue Stunde zwischen Sonnenuntergang und Einbruch der Dunkelheit am Kutterhafen Dorum-Neufeld

PRICKEN ZUR ORIENTIERUNG Junge Birkenstämme markieren noch immer den Weg entlang der tieferen Priele für die sichere Fahrt in den Hafen von Wremen. ▽▽

DORUM

» O, schaurig ist's, übers Moor zu gehn,
Wenn es wimmelt vom Haiderauche,
Sich wie Phantome die Dünste drehn
Und die Ranke häkelt am Strauche,
Unter jedem Tritte ein Quellchen springt,
Wenn aus der Spalte es zischt und singt –
O, schaurig ist's, übers Moor zu gehn,
Wenn das Röhricht knistert im Hauche! «

Annette von Droste-Hülshoff:
Der Knabe im Moor

MOOR UND HEIDE Heute als Naturgebiet und Flutreservoir gehegt und gepflegt, gehörten Heidegebiete und Moore wie das Finkenmoor einst zu den typischen Küstenlandschaften.

PRÄCHTIGER HOF – DÜSTERE GESCHICHTE Auf dem Klosterhof bei Nordleda soll einst der hochmütige Bauer Latten Tamm gelebt haben. Ruhe hat er hier nicht gefunden. ▽▽

DIE KÜSTE ZWISCHEN WESER UND EMS

N
W
E
S

BLAUE STUNDE Feierabend im Hafen von Neuharlingersiel

Im Land der Marschen

Ein hoher Himmel, nur von wenigen leichten Erhöhungen unterbrochene tiefgrüne Marschen, bis zur Begrenzung durch den Deich. Entwässerungskanäle, hier Siele genannt, durchziehen die sattfeuchte Landschaft. Dazu große Stille, es sei denn, der Wind bläst etwas stärker. Bei Flut, wenn das Meer kräftig ausatmet, kann das Wasser über dem Watt schon manches Mal höher sein als das Niveau des Marschlandes hinter dem Deich. Die Deiche schützten früher einzelne Häuser, dann Dörfer und später ganze Landstriche und Felder. Um die Gemeinschaftsaufgabe kümmern sich Deichverbände, die in Ostfriesland Deichachten heißen.

War das ostfriesische Festland früher einmal Durchgangsstrecke zu den vorgelagerten Inseln, gelten heute die Sieldörfer wie Greetsiel, Neuharlingersiel, Bensersiel oder Harlesiel selbst als attraktive Besucherziele, mit Krabbenkuttern in verträumten Häfen und kleinen Häuschen, die sich im Wind ducken. Die herbe Schönheit der Landschaft, zu der auch Binnenseen gehören – wie das Ewige Meer und das Kleine Meer, Hieve genannt, nicht weit von Emden oder das Boekzeteler oder Timmeler Meer nördlich von Leer – ist von besonderem, eigenem Reiz, allerdings keine Postkartenidylle.

Die Sturmflut der Großen Mandränke, die in Nordfriesland das legendäre Rungholt ins Meer riss (siehe S. 37), richtete vor 700 Jahren auch an der Nordseeküste zwischen Weser und Ems gewaltige Schäden an. Der Jadebusen brach in die Küste ein, auch andere Nordseebuchten, wie die Zuidersee von Holland, die mehr als 350 Jahre lang wieder eingedeichte Harlebucht bei Jever oder die Leybucht südlich von Norden, schnitten jetzt tief ins Land ein.

Ähnlich wie in Dithmarschen, in Land Hadeln oder Land Wursten weiter nördlich an der Küste konnten sich die Bauern in Ostfriesland lange eine gewisse Eigenständigkeit bewahren. Gewählte Abgesandte der friesischen Seelande versammelten sich einmal jährlich in der sogenannten Friesischen Freiheit beim »Upstalsboom«, nicht weit vom heutigen Aurich, um dort ihre Angelegenheiten zu besprechen. Lange waren die Häuptlinge, »Hovetlinge« genannt, nur herausgehoben unter Gleichen, doch den Sippen Abdena, tom Brok oder Hilmersna reichte das nicht. Mit oder ohne Hilfe von außen kämpften sie um mehr Einfluss und größeres Gebiet. Zuletzt hatte die Sippe der Cirksenas, die sich von einem Greetsieler Häuptlingsgeschlecht zu Reichsgrafen und Reichsfürsten aufgeschwungen hatten, für fast 300 Jahre in Ostfriesland das Sagen. Sie wurden später von den Herrschern in Brandenburg-Preußen abgelöst.

»Ostfriesische Gemütlichkeit hält stets ein Tässchen Tee bereit«

Die Menschen leben hier in einem eigenen Kosmos, schon seit langen Zeiten. Der schließt Zusammenstehen und Geschlossenheit ein. Mancher mag die Ostfriesen für eigensinnig halten, da-

bei können sie äußerst gastfreundlich sein und zu einem Klönschnack, einem lockeren Gespräch über dies und das, mehr als bereit. Ein Tässchen Tee mit Zucker und Rahm, also »en Kopje Tee mit Kluntje un Room« gehört zur ostfriesischen Gemütlichkeit unbedingt dazu. Da wundert es nicht, dass der Wasserkessel hier Teekessel heißt. Wenn auch ganz anders als in Japan, so kennt man auch hier eine Art Teezeremonie: In die vorgewärmte Kanne kommen je ein Löffel Tee pro Tasse, dann noch einer für die Kanne selbst, das gibt einen kräftigen Aufguss. Der in der Teetasse wartende Kluntje (Kandiszucker) knistert, wenn er mit dem heißen Tee aus der Kanne Bekanntschaft macht. Kenner(innen) lassen nun noch ein »Wulkje Room«, einen Löffel mit süßer Sahne in den Tee gleiten – natürlich ohne umzurühren. Drei Tassen dürfen es zur Teepause schon sein, das gehört zum »Ostfriesenrecht«.

Basis aller ostfriesischen Mischungen ist ein kräftiger indischer Assam, dazu komponieren Teesommeliers einige Blätter aus Java, außerdem Hochlandsorten aus Darjeeling oder Ceylon. Das heutige Nationalgetränk Ostfrieslands stammt eigentlich von den holländischen Nachbarn im Südwesten, die vor rund 400 Jahren die aromatischen Blätter aus »Ostindien« importierten. Dabei stand der Teegenuss zwischenzeitlich auf der Kippe, als

die Domänenkammer zu Aurich am 20. Mai 1777 auf Anweisung des preußischen Königs Friedrich II. im fernen Potsdam verboten hatte, das in Ostfriesland in »geradezu barbarischen Mengen geschlürfte Drachengift« auszuschenken. Es sei nicht nur gesundheitsschädlich, hieß es, sondern würde Frauen wie Männer mehrere Stunden täglich zu Müßiggang verleiten. Die Ostfriesen vermuteten wohl zu Recht, dass sich preußische Bierbrauer bei Hofe stark gemacht hatten, um ihren eigenen Getränkeabsatz zu steigern. Zwei Jahre dauerte der heftige Streit, von Drohungen begleitet, ins teefreundliche Holland auszuwandern. Dann war die Attacke vom Tisch und der ostfriesische Teefrieden wiederhergestellt.

Mit Flugeisen nach Bremerhaven

Zwischen der Wesermündung bei Bremerhaven und den Landstrichen rund um den Jadebusen ist der friesische Einfluss begrenzt. Doch die Sagen und Legenden der Küste halten sich nicht unbedingt an Einflusszonen. Einige Figuren tauchen in Nord- und in Ostfriesland unter anderen Namen wieder auf und treiben unbekümmert ihren Schabernack, hier oder dort. Andere überqueren ohne Weiteres heutige Ländergrenzen. Wie der Bauer, der eines Tages von Loxstedt nach Bremerhaven reiten wollte und nicht merkte, dass sein Pferd ein Hufeisen verloren hatte. Da stand ihm plötzlich ein kleines listiges Kerlchen mit rotem Wams im Weg, das ihm zurief: »Weißt du eigentlich, dass dein

ENDLOS weiter Blick vom Holzsteg bei Dangast über den flachen Jadebusen
GEHEIMNISVOLL und selten. Schnee auf den Salzwiesen bei Dangast

Klepper nur drei Hufeisen hat?« Der überraschte Bauer bedankte sich und fragte zurück: »Wo könnte hier eine Schmiede sein?« – »Folge mir einfach!«, antwortete das Männlein, »ich kenne mich hier aus.« Kurz darauf hörten sie schon das »Pinkepank, Pinkepank«, den Klang des Hammers auf dem Amboss. Drei zwergenhafte Schmiede schlugen auf ein Hufeisen ein. »Das kann ich gut gebrauchen«, so der Bauer. Vor die Wahl gestellt ob Trab- oder Galoppeisen, entschied er sich für Letzteres. »Die anderen drei willst du nicht erneuern lassen?« – »Auf keinen Fall, die sind doch noch stabil!« »Na gut! Als Lohn möchten wir einen Schluck aus deiner Flasche.« Zwei kräftige Schluck – und die Weinflasche war leer. Doch der Bauer hatte noch eine zweite in der Satteltasche, schwang sich aufs Pferd und ritt los.

Doch die unterschiedlichen Eisen taten seinem Pferd nicht gut, es schwankte, fast wäre der Bauer in den Graben gestürzt. Darum ließ er nun auch die anderen drei Hufe beschlagen, wieder für den

WIE WEGE INS NICHTS Einst trieben Seeräuber hier ihr Unwesen, inzwischen geht es auch im Wasser ruhiger zu. Die Eckwarderhörner Strandbuhnen bändigen heute Wasserströmungen und schützen einen Badestrand.

Lohn einer Weinflasche, seiner letzten. Ein Ritt wie ein Flug und schon war er bei einer Schenke angekommen. »Gebt mir zwei Flaschen vom guten Wein«, sagte der Bauer zum Wirt und stürzte die guten Tropfen hinunter. »Was bin ich schuldig?« – »Nicht viel, nur vier Hufeisen«, war die Antwort. »Ihr habt sie wohl nicht alle!«, schimpfte der Bauer, doch der Wirt erwiderte: »Gerade habt ihr erzählt, dass ihr die Hufeisen für zwei Flaschen Wein erstanden habt. Auch umgekehrt ist es ein fairer Handel.« Der Streit endete beim Richter, der zugunsten des Wirtes entschied.

Das Pferd am Zügel ging der Bauer zur Schmiede zurück. »Wo sind denn die Eisen geblieben? Die hatten wir doch perfekt angepasst.« Als der Bauer seine Geschichte erzählte antworteten die kleinen Schmiede: »Du kannst neue Eisen haben, sogar Flugeisen.« – »Die will ich, habe aber keinen Wein mehr zum Bezah-

len«, wandte der Bauer ein und die Schmiede erwiderten: »Macht nichts, bring ihn später.« Wie im Flug stob der Bauer wiederum zur Schenke, um zwei Flaschen Wein zu kaufen. »Die kosten wieder vier Hufeisen«, so der Wirt, »doch vielleicht muss wieder der Richter entscheiden.« So eilten sie beide wie der Wind und kamen zunächst bis zum Moor. Der Bauer flog geradezu darüber hinweg, doch der Wirt sank ein und ging samt Pferd in der brauen Brühe unter. Auf dem Weg zurück konnte der Bauer die Schmiede nirgendwo ausmachen. Mit den Worten »Holt euren Lohn«, warf er schließlich die beiden Flaschen hoch in die Luft und ritt fröhlich weiter nach Bremerhaven. Mehr als hundert Jahre später stießen Torfstecher plötzlich auf einen Pferdeschweif. »Was'n dat for'n Steert?« rief einer von ihnen. Da entdeckten sie auch schon zwei Gerippe, eines vom Wirt, ein anderes von einem Pferd. Doch mit Hufeisen war das nicht beschlagen.

Butjadinger Häuptlingsehre

Die Halbinsel Butjadingen zwischen der Wesermündung und dem Jadebusen ist überschaubar, und doch scheint hier jedes Dorf und jeder kleine Hafen seine eigenen Geschichten zu haben. Vielleicht sind die einsame Lage, umgeben vom Wasser, und die ewigen Konflikte zwischen Bremern und Oldenburgern auf der einen und der Freiheitsdrang der Ostfriesen auf der anderen Seite daran nicht ganz unschuldig.

FEUCHTGEBIETE Marschen, Polder, Wasserläufe. Die Wesermarsch ist eingerahmt vom Geestrücken, der Nordsee und dem Jadebusen. DROHENDE WOLKEN Sturm zieht auf, die Flut steigt. Genau das richtige Wetter für Seewiefken, wie die Meeresbräute an der Küste heißen.

Die Oldenburger Grafen jedenfalls hatten vor 600 Jahren wieder einmal ein Auge auf den Landstrich geworfen. Einige der Butjadinger Häuptlinge hatten sie auf ihre Seite bringen können, die selbstbewusst Fehden gegen die Bremer ausriefen. Auch Didde Lübben, zuvor Gefolgsmann der Bremer, versuchte nun sein eigenes Süppchen zu kochen und stellte sich gegen die Hansestadt. Angeführt von seinen beiden Söhnen, wollten die Friesen die Fiedeburg stürmen, scheiterten jedoch. Beide Söhne wurden gefangen und zum Tode verurteilt. Nachdem dem älteren Bruder auf dem Marktplatz zu Bremen der Kopf abgeschlagen worden war, soll ihn der jüngere aufgehoben und geküsst haben. Als Geste der Gnade wurde ihm die Freiheit angeboten,

aber nur, wenn er eine Bremer Bürgertochter ehelichen würde. »Niemals!«, rief der und war gleich darauf ebenfalls einen Kopf kürzer. In die friesische Geschichte ist die Legende vom Bruderkuss, ob er nun stattgefunden hat oder nicht, dennoch eingegangen: als Symbol des friesischen Freiheitswillens. Auch als andere Häuptlinge in friesischer Solidarität gegen Bremen zogen, konnten sie das Blatt nicht wenden. Erst an der Schwelle zum 16. Jahrhundert sicherten sich die Oldenburger Grafen endgültig die Herrschaft über Butjadingen und beendeten gleichzeitig die Selbstständigkeit der Bauernrepubliken.

Unheilvolle Wesen im Meer

Sonntag ist der Tag des Herrn, doch vielleicht schaut er ja gerade nicht. Das dachte zumindest eines Sonntags ein Butjadinger Fischer. Statt in die Kirche zu gehen, kletterte er auf den Deich – und sah doch tatsächlich einen Mann mit feuerroter Mütze im trocken gefallenen Watt, der einen Butt nach dem anderen aufnahm und in seinem Beutel verstaute. Nicht schlecht, dachte unser Fischer, nahm einen kräftigen Schluck aus der Schnapsflasche und begann es dem Unbekannten gleichzutun, der immer weiter hinausging. Als die Kirchenglocke klar über

ALTE MOLE Die Sonne tastet sich durch dichte Wolken. Das Molenfeuer steht am Ende der Nordmole in Wilhelmshaven. BRÜCKE IM ABENDLICHT Die Kaiser-Wilhelm-Brücke quert den Großen Hafen bei Wilhelmshaven. Um größere Schiffe durchzulassen, kann sie gedreht werden.

das Watt tönte, lief ihm ein Schauer über den Rücken. Auch der nächste Schnaps wollte da nicht helfen. Der Fremde winkte: »Komm, hier gibt es noch mehr Fische!« Doch jetzt packte den Fischer das Grauen. Er warf sich den prall gefüllten Beutel über die Schulter und strebte eilig zum Ufer zurück. Da erst bemerkte er das Wasser, die Flut stieg mit rasender Geschwindigkeit, hatte ihn schon eingekreist. Er warf den Beutel ins Wasser und versuchte zu schwimmen. Schließlich hatte er wieder Boden unter den Füßen, rannte ans Ufer, klitschnass, und den Deich empor. Als er sich umsah, war vom unbekannten Mann nichts mehr zu sehen. »Das war der Teufel, dem ich noch einmal entwischt bin«, sagte der Fischer zu sich selbst, »ein weiteres Mal wird er mich nicht zum Sonntagsfischen verführen.«

Das Meer hat im Laufe der Jahrhunderte viele Seelen in sein nasses Reich geholt. Ein Badeurlaub wie heute wäre den Menschen früher nahezu absurd erschienen. Viele stellten sich vor, dass sie ein feindliches Wasserwesen aus dem Meer bedroht. So eines wie der Wassermann von Norddeich: Das Ungeheuer lebte der Sage nach in den Fluten des Meeres, ein grauenhaftes und bösartiges Geschöpf, stark und mit scharfen Klauen. Viele Seefahrer und Fischer hatten ihn vermeintlich schon in der Gischt gesehen und waren ihm gerade noch so entkommen. Als das furchtbare Wesen einmal versuchte, ein Schiff nahe der Küste zum Kentern zu bringen, soll es die tapfere Besatzung zurückgeschlagen haben. Aus Rache schwor das Wasserwesen, nun seine Anstrengungen zu verdoppeln, die Menschen, die in sein Reich eindringen, ins Verderben zu reißen.

Anderswo heißen sie Meerjungfrauen, in Ostfriesland nennt man sie Seewiefken. Drei Jünglinge sollen eines Mittags solch ein »Meerweib« am Strand gesehen haben, mit alabasterfarbenem Busen und einer silbrig schimmernden Schwanzflosse, als es sich mit einem Kamm durch die langen blonden Haare strich. Ihr Anblick verzauberte sie sogleich. Als die Schönheit

aufblickte und die Männer sah, tauchte sie blitzschnell ins Meer. Vor rund 500 Jahren soll nun einem Fischer ein Seewiefken ins Netz gegangen sein. Er hielt es gefangen, trotz ihrer inständigen Bitten, sie freizulassen. Auch die Dorfbewohner wollten sie nur gehen lassen, wenn sie ihnen ein Mittel gegen Not und Elend verriete. Als alle am Sonntag in der Kirche waren, gelang es dem Seewiefken, sich zu befreien und wieder in die Fluten zu stürzen. Sogleich brach ein Sturm los, die Wellen peitschten gegen die Küste. Gerade als der Pastor die Fischerleute segnen wollte, brachen die Wogen durch die Kirchentür und verschlangen die Kirche, das Dorf und seine Bewohner. Wenn heute jemand sagt: »Dat geiht ut as dat Bäen to Minsen!« (Das geht aus wie das Beten zu Minsen), so ist nichts Gutes zu erwarten. Das Wangerländer Wappen mit einem Seewiefken auf blauem Grund und eine Skulptur in Norderaltendeich bei Minsen-Förrien erinnern an die bedrohliche Sage.

Leuchtfeuer für den Reichskriegshafen

Das Leuchtfeuer von Arngast sendet seine orientierenden Lichtzeichen für die Schiffe von einem 37 Meter hohen Turm auf einer Sandbank inmitten des Jadebusens. Die verheerenden Sturmfluten des Mittelalters und eine Anweisung der kaiserlich-preußischen Kriegsmarine sind für diesen ungewöhnlichen Standort verantwortlich. Die Große Mandränke hatte Anfang

KLEINES MALHEUR Ein Riss in der Schürze eines Riesenfräuleins und schon fällt der von ihr transportierte Sand zu Boden. Der Plytenberg bei Leer ist noch immer Beweis für die Legende.

des 14. Jahrhunderts den Jadebusen tief ins Land hinein erweitert und dafür dort mehrere kleinere Inseln geschaffen. Wegen massiver Schäden durch die Clemensflut von 1334 musste das Kirchspiel Arngast aufgegeben werden, die Kirche stürzte knapp 300 Jahre später ein. Nach dem Anschluss an Preußen und der Ausrufung des Deutschen Kaiserreichs wurde die immer weiter reduzierte Insel Arngast dem Reichskriegshafen Wilhelmshaven zugeschlagen. Eindeichungen waren verboten, da diese die Lage der Fahrrinnen für die Kriegsschiffe gefährden konnten. Im Frühjahr 1904 war von der Insel noch ein schmaler grüner Streifen übrig, der nach weiteren Sturmfluten im Jahr darauf ganz verschwand.

»Viel Feind, viel Ehr«, lautet einer dieser markigen Sprüche aus der Zeit, als die Wilhelms Kaiser waren und Deutschland ganz hoch hinaus wollte. Die kaiserlichen Untertanen wurden auf fabelhafte Tugenden eingeschworen, wonach ihre eigene Überlegenheit gegenüber anderen als selbstverständlich erschien. Zwar hatten die Parlamentarier in der Frankfurter Paulskirche schon im Juni 1848 beschlossen, eine Flotte unter bürgerlichem Kommando zu gründen, doch die eigentliche militärische Karriere von Wilhelmshaven startete erst 20 Jahre später, als der Preußenkönig und spätere Kaiser Wilhelm I., begleitet von Otto von Bismarck und Generalfeldmarschall Helmuth von Moltke, der Stadt den »Ehrennamen« Wilhelmshaven verlieh. Wenn sich die mächtige Kaiser-Wilhelm-(Dreh-)Brücke heute für durchfahrende große Schiffe oder die Seglerflotille des Sailing Cups öffnet, ist dies immer noch ein imposanter Anblick. Als 1918 der Erste Weltkrieg längst verloren war, Kaiser und Admiralität aber die Anker noch einmal zur »Entscheidungsschlacht« lichten lassen wollten, meuterten die Matrosen der Kriegsschiffe. Der Funke der Revolution sprang über zum Kriegshafen in Kiel und von dort ins ganze Kaiserreich. Kurz darauf waren der Krieg und auch das deutsche Kaiserreich am Ende. Aber das ist wieder eine andere Geschichte.

Der Satan und das Zwischenahner Meer

Der Teufel ist schon ein eifriger Gesell. Allein seine Aktivitäten zwischen den Mündungen von Weser und Ems sind mehr als beachtlich. Selbst das Zwischenahner Meer, die »Perle des Ammerlandes«, wäre ohne sein Zutun nicht entstanden, ist sozusagen »Düwelswark«. Als nämlich beschlossen war, die erste Kirche in Oldenburg zu erbauen, schwoll ihm der Kamm, und in seiner Wut wollte er sie zerstören, noch bevor sie ganz fertig war. Bei Oldenburg riss er einen Wald aus dem Grund und trug ihn übers Moor, um ihn auf den Ort stürzen zu lassen. Da krähte ein weißer Hahn, doch der Teufel rief nur verächtlich: »Witte Hahn witt, ich acht' di een Schitt!« (Weißer Hahn, für mich bist du ein Haufen Scheiße). Kurz darauf krähte ein roter Hahn, dem der Teufel »Rode Hahn ro', ich acht di so no!« (… deinem Rat folge ich nur ungern) entgegenschleuderte. Dabei entglitten ihm einige Bäume samt Wurzeln und Erde, aus denen der kleine Wildenloh-Wald entstand. Als schließlich noch ein schwarzer Hahn krähte, rief er ihm zu: »Swarter Hahn swart, du treddst mi all wedder up't Hart!« (… du gehst mir auf die Nerven) und warf den Rest seiner Last ins Moor. Daraus wurde später der große Wildenloh-Wald. Dort, wo die Bäume ursprünglich gestanden hatten, füllte sich das entstandene Loch allmählich mit Wasser, dem heutigen Zwischenahner Meer. Es ist zumindest zweifelhaft, ob sich der Teufel zu seiner spontanen Reaktion hätte hinreißen lassen, wenn er gewusst hätte, dass dadurch ein Binnensee entstand, den man heute auf einem schönen, zwölf Kilometer langen Fahrradweg umrunden kann.

Moore und die »Berge« von Ostfriesland

Im Fehnland von Ostfriesland wohnen weder Elfen noch Feen. Fehn werden in Ostfriesland die ausgedehnten Moore genannt, denen man ab dem 17. Jahrhundert zu Leibe rückte, um dort Landwirtschaft zu betreiben. Es wurde Torf gestochen und über

Kanäle abtransportiert, die immer noch auch der Entwässerung des neu gewonnenen Marschgebiets dienen. Im Südwesten von Ostfriesland, zwischen Apen und Detern, breitet sich das lange kultivierte Moorgebiet des Fehnlandes aus. Eben ist die Landschaft, über die meist ein Wind streicht, mit satten Weiden und sommerlichen Rapsfeldern. Die menschliche Besiedlung ist eher dünn, und in dem Spruch »hier kann man schon montags sehen, wer am Sonntag zu Besuch kommt« steckt ein Körnchen Wahrheit.

Im bewaldeten Naturschutzgebiet von Holle Sand, auf halbem Wege zwischen dem Jadebusen und der Emsmündung, ragt der Kugelberg mit »sagenhaften« 18,60 Metern in den windigen ostfriesischen Himmel. Der von Menschenhand geschaffene Plytenberg liegt am westlichen Stadtrand der Stadt Leer, seine stolze Gesamthöhe beträgt rund zwölf Meter. Uninspirierte Historiker vermuten, dass der Erdhaufen vor bald 600 Jahren als Ausguck für die Festung Leerort errichtet wurde. Wahrscheinlicher erscheint jedoch die Sage von zwei Riesenfräuleins, die sich auf den Inseln Baltrum und Juist in den Dünen vergnügten. Der glitzernde Sand gefiel ihnen so gut, dass sie ihre Schürzen damit füllten. Übers Watt am Festland angekommen, gingen sie am Ufer der Ems entlang. Durch Löcher in den Schürzen rieselnder Sand formte die Deiche am Ufer des Flusses, beim Sprung über den Fluss zerriss eine Schürze komplett und der Sand fiel auf einen Haufen. Plötzlich war der Plytenberg entstanden.

GEISTERSCHIFF Nebel zieht auf, die Konturen verschwimmen, das Tauwerk knarrt. Vögel krächzen in der dumpfen Stille. Auch heute kann sich der alte Heringslogger im Emder Hafen in eine geheimnisvolle Atmosphäre hüllen.

Um diesen in Ostfriesland besonders beeindruckenden Gipfel rankt sich noch eine Sage. Es geht um »Erdmantjes«, Zwergenwesen, denen man mit gewissen Abwandlungen an mehreren Orten entlang der Küste begegnet. Man kann sie, wenn man in Not ist, auch um Hilfe rufen. Die Erdmantjes im Plytenberg pflegten einen eher luxuriösen Lebensstil, sie bewohnten tief im Berg ein Schloss aus Marmor und Gold, mit einem Festsaal, den glitzernde Edelsteine erleuchteten. Den Fußboden bedeckte ein Königsschatz mit unermesslichen Kostbarkeiten, der von den Erdmantjes bewacht wurde. Als eines Tages zwei Knaben aus Leer zur Osterzeit am Plytenberg spielten, konnten sie zwei Erdmantjes mit ihren Zipfelmützen und langen Bärten in der Märzsonne entdecken. Die ertappten Zwerge schlüpften sofort durch einen engen Gang in den Berg hinein, die Jungen aber eilten mit ihrer sensationellen Kunde nach Hause. Viele Neugierige kamen zum Berg hinaus und starrten in das Loch, doch die geheimnisvollen Wesen zeigten sich nicht.

Nun wohnte der Bauer Klaas Knieptang nicht weit entfernt auf einer Warft. Geizig war der, nicht einmal zu Weihnachten gönnte er seinen Knechten und Mägden Butter auf Brot oder Kluntje im Tee. Dafür besaß er versteckt im Keller ein Fass, das er heimlich schon gut mit Goldstücken angefüllt hatte. Als er eines Tages beim Angeln an der Ems einen seltsamen, goldglänzenden, bekrönten Fisch aus dem Wasser zog, fing der plötzlich an zu sprechen: »Bur, Bur, Hex un Nix, smiet mi rin un do mi nix!« Der Bauer lachte: »Dich zeige ich erst einmal gegen Geld, dann wirst du gebraten.« Der Fisch antwortete: »Ich bin der Sohn des Flusskönigs, wenn du mich freilässt, zeige ich dir, wie du an den Schatz im Plytenberg kommst.« – »Ja, das ist was anderes«, entgegnete der Bauer und der Fisch verriet: »Der Erdmantje König trägt den Schlüssel zum Schatz im Gürtel, und mit seiner Brille kannst du den Schatz erkennen.«

Schnell warf der Bauer den Fisch ins Wasser, ging nach Hause und dachte nach. Am anderen Tag schleppte sein Knecht einen Sack herbei, bestreute den Boden der Stube mit grünen Erbsen, schlich abends zum Plytenberg und rief die Erdmantjes um Hilfe. Der Bauer aber hatte sich auf die Lauer gelegt und ertappte den König der Erdmantjes, der zur Hilfe geeilt und auf den Erbsen ausgeglitten war. Er erwürgte ihn, stahl Brille und Schlüssel und ließ den König vom Knecht im Garten vergraben. Eine Eule hatte aber den Überfall beobachtet und benachrichtigte die Erdmantjes. Der Bauer fuhr inzwischen mehrfach vergeblich zum Plytenberg, konnte aber erst bei Neumond den Zugang erkennen und den Schatz ausmachen. Alles in Säcke geschaufelt und schnell auf Kutschwagen damit! Dann in rasender Fahrt zum Fluss. Doch aus der Ems aufsteigende Nebelfrauen verschlechterten die Sicht. Plötzlich erhob sich der Wasserkerl, ein Flussgeist, aus den Fluten. Die Pferde bäumten sich auf und rasten aufs Wasser zu. In seiner Not rief der Bauer ausgerechnet die Erdmantjes zur Hilfe. Doch die waren nicht zur Stelle, und so schluckten die Wellen der Ems den gierigen Bauern, seine Kutsche, die Pferde und den Goldschatz.

Emden und das Drama auf der Ems

Der Sturm heulte, das Wasser in der Emsmündung peitschte in die Luft. Ein Unwetter mit Orkanböen aus Nordwesten hatte sich angekündigt, und gerade heute sollte ein lang erwarteter Handelssegler mit reicher Ladung von großer Fahrt wieder heimkommen. Zu dieser Zeit floss die Ems noch direkt an der alten Stadtmauer vorbei. Abends wurden nicht nur die Stadttore geschlossen, auch der Zugang zur Ems im Süden der Stadt war gesperrt.

Da kam schon das Schiff, dessen Besatzung versuchte, im Sturm die Segel zu bergen, um in den Hafen einzufahren. An Land warteten Schaulustige und Angehörige der Seeleute, darunter auch der Hafenmeister, dessen Sohn zur 40-köpfigen Schiffsbesatzung gehörte. Eine gewaltige Bö ergriff jetzt das Schiff, hob es und ließ es erneut in ein Wellental stürzen. Wasser drang ein, es neigte sich zur Seite. Besatzung und die Menschen an Land riefen um Hilfe, das Wachboot solle die Schiffbrüchigen retten. Doch der sture Hafenmeister verweigerte den Befehl, denn der Kapitän des Schiffes war sein ärgster Feind, dem er nichts Gutes gönnte. Nur ein »He hett dat neet beter verdeent!«, er hat es nicht besser verdient, war von ihm zu hören. »Denk an dien Jung«, riefen ihm die Wartenden zu. Da endlich ließ er das Wachboot auslaufen. Doch zu spät! Vor aller Augen drehte sich das Schiff ein letztes Mal und sank dann mit Mann und Maus in die Tiefe.

In stürmischen Nächten meinen einige Emdener, das Schiff noch heute, in einen bläulichen Schimmer gehüllt, zwischen Wolkenfetzen schemenhaft zu erkennen und die Hilferufe der Besatzung zu hören.

ALTER RATSDELFT Im Museumshafen der Stadt lässt sich die maritime Geschichte von Emden erspüren. Hier liegen der alte Heringslogger »Emden«, das Feuerschiff »Amrumbank« und der Seenotkreuzer »Georg Breusing«. ▷ Das bald 400 Jahre alte Emder Hafentor am historischen Hafen führt direkt zur Delftpromenade.

SCHREYERSHOEK
EMDEN
EMDEN

BERÜHMTHEITEN Greetsieler Zwillingsmühlen nennt man die beiden Holländermühlen am Ortseingang. In der östlich gelegenen Mühle der Familie Schoof wird noch heute Korn gemahlen.

MALERISCH Die Schleuse beim Greetsieler Außentief gehörte einst zum Entwässerungssystem der Marschlande.

REICHE BEUTE auch für die Möwen. Auch bei Sturm lässt sich dieser aus Hooksiel stammende Fischer nicht vom Fang abhalten. ▽▽

HOO 60

HAVARIE Ein Schiffsmodell in der Kirche von Pakens erinnert an den Untergang des Robbenfängers Adelheid, der 1848 mit Mann und Maus bei Grönland im eisigen Meer versank.
DICKE MAUERN Quadersteine aus Granit bilden das Fundament der Kirche zum Heiligen Kreuz von Pakens im Wangerland. Sie wurde vor mehr als 700 Jahren auf einer Warf gebaut. Ihre Wände sind bis zu anderthalb Meter dick.

Wie eine Posaune
Undt verkündige
meinem Volk.

BESCHAULICH Das Flüsschen Harle schlängelt sich von Wittmund durch die Marsch und mündet bei Harlesiel in der Nordsee.

GUT GESCHÜTZT Die Backsteinkirche St. Florian in Funnix stammt aus dem 14. Jahrhundert und wurde zum Schutz vor Sturmfluten auf einer Warf errichtet.

LEGENDE ODER WIRKLICHKEIT? Ein einarmiger Knecht soll im 15. Jahrhundert den dreiteiligen Altar mit 105 auswechselbaren Figuren geschnitzt haben. Der wurde, und das ist belegt, 200 Jahre später vom Bildschnitzer Jacob Cröpelin aus Esens in Ostfriesland ergänzt. ▽▽

SOLI·DEO·GLORIA

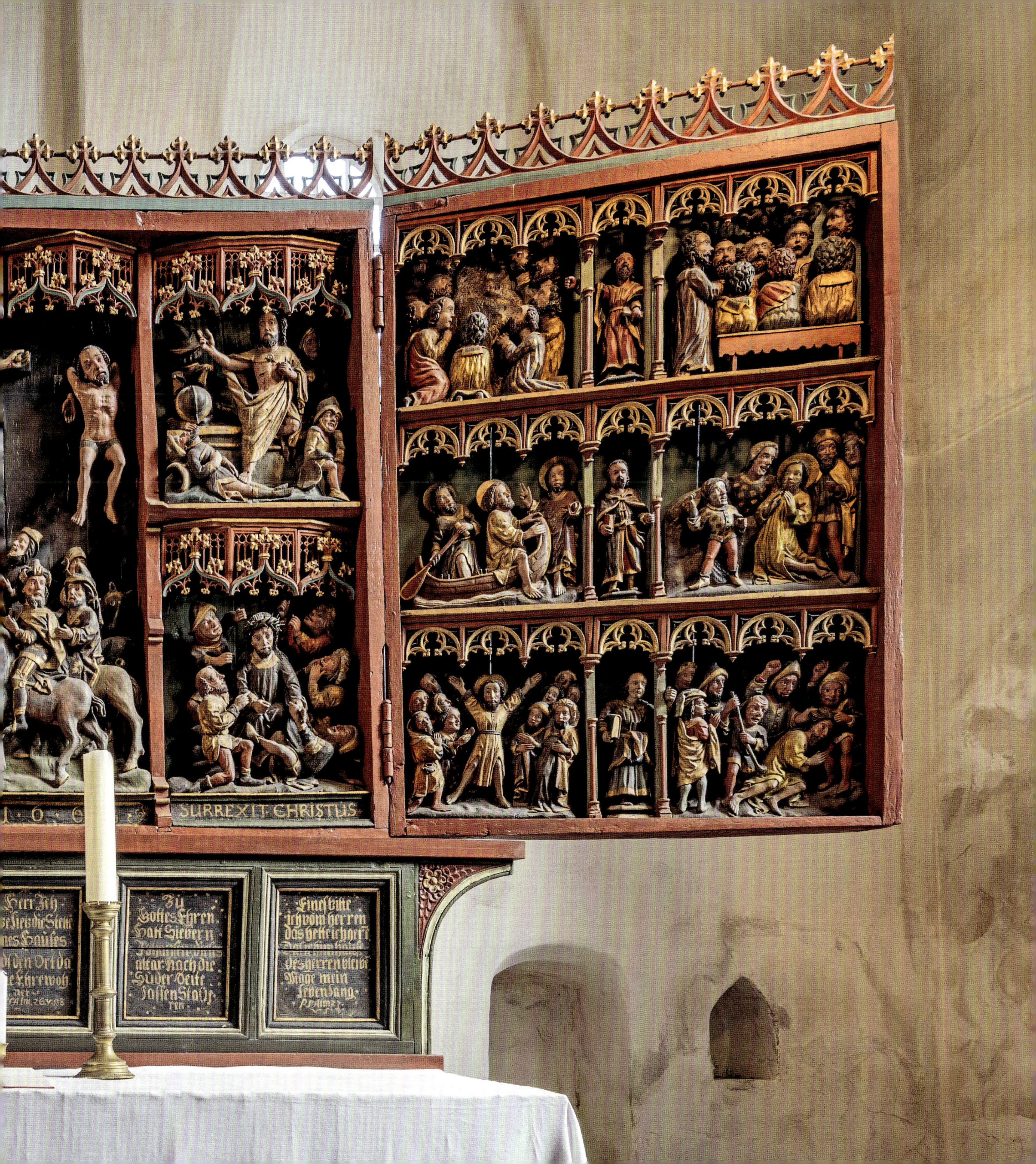
SURREXIT CHRISTUS

STÖRTEBEKERTURM In Marienhafe soll der berüchtigte Pirat Klaus Störtebeker Zuflucht vor der Hanse gefunden haben, beschützt von den Friesen. Im ersten Stockwerk der Marienkirche hat er der Sage nach vor rund 600 Jahren gewohnt.

HÄUPTLINGSSITZ Im 14. Jahrhundert hatte sich die Häuptlingsfamilie Beninga die Burg beim heutigen Dornum erbauen lassen.

SEEMANNSGARN Aus diesem taudicken »Garn« lässt sich so manche Seemannsgeschichte spinnen.
ROMANTISCH Kutterflotte im Heimathafen Neuharlingersiel. Viele Krabbenkutter sind mit dem Öko-Siegel zertifiziert.

NEU230

KÜSTENSCHUTZ Steinerne Strandbuhnen, im rechten Winkel zum Strand ins Meer gebaut, sollen Meeresströmungen entlang der Küste und damit Sanderosion vermindern.

DAS WASSERSCHLOSS im Zentrum von Dornum wurde schon im 14. Jahrhundert von Häuptling Hicko Kankena als Norderburg gebaut. Nobiles, reichere Familien, bauten in dieser Zeit Schritt um Schritt ihre Macht aus und höhlten die egalitäre Ordnung der Friesischen Freiheit aus.

»Aus der Mühle schaut der Müller,
Der so gerne mahlen will.
Stiller wird der Wind und stiller,
Und die Mühle stehet still.

So gehts immer, wie ich finde,
Rief der Müller voller Zorn.
Hat man Korn, so fehlts am Winde,
Hat man Wind, so fehlt das Korn.«

Wilhelm Busch: Ärgerlich

GUTE ERWARTUNG »De goede verwagting« ist das Motto der Galerieholländer Windmühle, deren Flügel sich seit mehr als 200 Jahren im Wind drehen.

MANNINGABURG Die Grundmauern der kleinen Wasserburg im Ortszentrum von Pewsum gehen bis auf das Jahr 1458 zurück. Sie war erst Häuptlingssitz der Familie Manninga, später kauften die mächtigen Cirksenas das Anwesen.
RINGELSOCKEN Der markante gelb-rote Anstrich des Pilsumer Leuchtturms wurde weithin durch den Kinofilm des Komikers Otto Waalkes *Otto – Der Außerfriesische* bekannt.

STILLLEBEN Strandhafer bei Schillig im Sonnenuntergang
SCHMUCKKÄSTLEIN Der einstige Herrensitz derer von Eucken-Addenhausen ist heute auch für die bürgerliche Öffentlichkeit zugänglich.

WILD ist ihr Anblick und doch zähmt das scharfkantige Gras die Düne und hindert sie, davonzuwandern. ▽▽

DEICHSCHAFE Sie geben Wolle, liefern Milch und Fleisch. Vor allem aber halten sie das Gras auf den Deichschrägen kurz und verdichten mit ihrem Tritt den Untergrund.

POLDERLANDSCHAFT Natürliche Tiefs und die Entwässerungskanäle durchziehen Ostfriesland auch bei Pilsum. Marschen und Polder sind dem Meer durch Deiche abgerungen. Sie können auch als Reservoir bei Überflutungen dienen.

SONNENUNTERGANG Auch wenn der Himmel tagsüber tief hängt, können die Wolken zum Sonnenuntergang plötzlich aufreißen und ein dramatisches Bild entwerfen. ▽▽

BRANDGÄNSE Die schwarz, weiß und rotbraun gescheckten Wasservögel sind entlang der gesamten deutschen Nordseeküste verbreitet.
DEM MORGENROT ENTGEGEN kann am Jadebusen zum mystischen Erlebnis werden, wenn sich der Himmel kurz vor Sonnenaufgang in verschiedenen gedämpften Rottönen verfärbt.

OSTFRIESISCHE INSELN

N
W
E
S

ZAUBERHAFT Feinsandige weiße Dünenlandschaften mit Strandhaferpuscheln auf Juist

Die sieben Schwestern

Sieben Schwestern sollen einst als Siebenlinge an einem Tag geboren sein. Und jede von ihnen besaß ein einzigartiges Talent. Zusammen wären sie unbesiegbar gewesen und hätten sogar die Bedrohung durch einen garstigen Drachen abwenden können. Doch leider konnten sie sich nicht einigen. Seitdem leben sie getrennt voneinander auf je einer der sieben bewohnten ostfriesischen Inseln. So will es zumindest die Sage. Tatsächlich liegen Norderney, Wangerooge, Baltrum und die anderen Düneninseln aufgereiht wie an einer Schmuckkette nur wenige Kilometer vor dem Festland.

Seit Jahrtausenden verändern Wind und Wasser die Umrisse der lang gestreckten Eilande. Sie sind unterschiedlich und ähneln sich zugleich, mit langen Sandstränden in dem der Nordsee zugewandten Westen. Es folgt ein Dünengürtel, im Osten, in Richtung Festland schließen sich Salzwiesen und das Watt an.

»Sieben auf einen Streich«

Es erfordert schon ein gewisses Gedächtnis, sich wenigstens die Namen der bewohnten Inseln zu merken. Doch glücklicherweise hilft ein einfacher Merksatz, zumindest bei deren Anfangsbuchstaben: Welcher (Wangerooge) Seemann (Spiekeroog) Liegt (Langeoog) Bei (Baltrum) Nanni (Norderney) Im (Juist) Bett (Borkum)?

Mit etwas Fantasie und Romantik könnte man die Inseln oder Oogen, wie Inseln auf Friesisch heißen, auch als Sandperlen bezeichnen. Zumindest sind sie, anders als jene in Nordfriesland, nicht weggebrochene, ehemalige Teile des Festlandes. Sie entstanden erst nach dem Ende der letzten Eiszeit vor acht- bis zehntausend Jahren, wurden durch Meeresströmungen, Wind und Sturmfluten zusammengetragen. Die Natur ist auch gegenwärtig weiter am Werk, nur durch zahlreiche Flutbarrieren und Erosionsschutz stark verlangsamt. Immer noch verlagern sich die Inseln langsam durch den Flutstrom und die vorherrschenden Westwinde, die den Sand vom Westen in Richtung Osten transportieren und am dortigen Ende der Inseln im Laufe der Zeit sogenannte Sandhaken bilden.

Auch wenn sie nah beieinander liegen, ist es recht schwierig, von Insel zu Insel zu gelangen. Durch Seegatts, Prielen ähnlichen Furchen zwischen den Eilanden, fließen bei Ebbe und Flut gewaltige Wassermassen. Rund zwei Dutzend Sandbänke und flache, immer wieder überflutete Inselchen liegen zwischen den bewohnten Inseln, wie Lütje Horn bei Borkum, Memmert, die Kachelotplate bei Juist und der Minsener Oog bei Wangerooge. Sie sind zwar nicht von Menschen bewohnt, doch sehr beliebt bei Seehunden, Kegelrobben und Seevögeln. Von Letzteren legen mehrere Millionen im Frühjahr und im Herbst auf ihrem Flug zwischen dem Winterquartier in der Mittelmeerregion und dem

Sommer im hohen Norden auf den Inseln eine Erholungspause ein und laben sich am reich gedeckten Tisch an Krebsen, Muscheln, Fischen und Würmern, den das Wattenmeer ihnen bietet.

Auch wenn es von Insel zu Insel Unterschiede gibt, so haben sie alle einen gemeinsamen »Nationalsport«: das Klootschießen. Er lässt sich auch im Winter auf dem gefrorenen Sand bestens betreiben. Die traditionsreichste Sportart auf den Ostfriesischen Inseln kennt genaue und strenge Regularien, wonach die mit Blei ausgegossenen Hartholzkugeln mit möglichst wenig Würfen zu einem Ende der Insel und wieder zurück getrieben werden. Keine schlechte Idee, wäre doch ein leichter Lederball nur zu häufig vom Winde verweht, denn das Wetter spielt bei dem Sport keine Rolle. Profis nehmen bis zu 25 Meter Anlauf. Beim »Klootscheeten« benötigt man, anders als beim vor allem auf dem Festland beliebten Boßeln, keine Wege und Straßen, sondern nur Weiden, Wiesen oder Sandflächen. Ganz wichtig: Nach dem Wettbewerb gegen Teams benachbarter Inseln oder vom Festland gibt es ein gemeinschaftliches Grünkohlessen mit Pinkelwurst und Kornbrand.

»Sünner Maarten« und der »Rummelpott«

Martini, auf Friesisch »Sünner Maarten«, war schon in alten Zeiten ein Fest vor allem der Jugend an der Nordseeküste. Die Jungen zogen mit dem »Rummelpott« im Ort herum, einer mit einer Schweinsblase bespannten Blechdose, auf der man durch

UNBEWOHNT? Für Menschen ist der Zutritt auf die flache Düneninsel Minsener Oog vor dem Jadebusen streng verboten. Dafür haben Möwen, Schwalben, Krähen, Gänse und andere Vögel umso mehr Platz zum Brüten.

Streichen mit angefeuchteten Fingern einen »rummeligen« Ton hervorbringen konnte. Die Mädchen gingen mit der »Kip-Kap-Koegel«, einer bunten Papierlaterne. Sie sangen vor den Häusern vor allem wohlhabender Familien, mit der Bitte um milde Gaben:

» Marie, Marie, maak op de Dör,
daar staht 'n paar arme Kinner vör.
Sett dat Toppseil up den Topp.
Geev uns wat in d' Rummelpott! «

Sankt Martin gilt als Schutzpatron der Armen, und zum Martinstag wechselten einst Tagelöhner, die nicht fest angestellten Mägde und Knechte, ihre Arbeitsstellen, sie wurden von der »Herrschaft« entlassen. Die Ernte und alle anschließenden Tätigkeiten waren beendet, das Vieh war von den Weiden geholt. Wie nun durch den Winter kommen? Das Rummelpottlaufen, heute eher eine folkloristische Übung mit Aussicht auf Süßigkeiten, hat seinen Hintergrund in der früher prekären Lage und den existenziellen Sorgen des ärmeren Teils der Landbevölkerung. Verständlich, dass mancher am Martinstag die Kinder zum Betteln losschickte.

»Water is Segen, Water is Not« – Wangerooge und Spiekeroog

Wasser kann ein Segen sein, aber auch den Tod bringen. Daran erinnert eine Gedenktafel an einer alten Deichschart am Ostgrodendeich auf Wangerooge: »Water is Segen – Water is Not – Lat us den Segen – Bewahr us vör Not«. Hier war bei der Februarflut 1962, als selbst in Hamburg mehr als 300 Tote zu beklagen waren, der Deich gebrochen. Vom Sturm losgerissene Dachpfannen segelten durch die Luft und Fischkutter wurden an Land geschleudert. Heute macht die autofreie »Insel ohne Eile« einen friedlichen und munteren Eindruck, ein gemütliches Inselbähnchen bringt die Urlaubsgäste vom Fähranleger im Südwesten in den Ort. Und auf dem 1854 erbauten Leuchtturm, dem »hooge Toorn«, können sich Brautpaare, die ganz hoch hinauswollen, in 40 Meter Höhe das Jawort geben.

Die Nachbarinsel Spiekeroog birgt einige Geheimnisse. Wie kommt zum Beispiel der Feigenbaum, der im Garten hinter dem heutigen Café Altes Inselhaus jedes Jahr süße Früchte trägt, in dieses raue Klima und wieso kann er hier so prächtig gedeihen? Vielleicht wurden ja einige Früchte von Bord eines Schiffes gespült. Schließlich soll auch die Pietà in der Alten Inselkirche aus dem 17. Jahrhundert von einem vor der Küste gestrandeten Schiff der spanischen Armada stammen. Antworten gibt der Baum leider nicht.

Die ältesten Häuser auf Spiekeroog, wie das Alte Inselhaus, wurden einst mit einer cleveren Flutnotversicherung ausgestattet: Auf den gemauerten Außenwänden liegen dicke Holzbalken, nicht selten mit Drachenköpfen oder anderen Schnitzereien verziert. Darauf kamen dann dicht gefugte Holzbohlen des Fußbodens für das hölzerne Obergeschoss. Riss eine Sturmflut die Mauern ein, sollten diese wie ein Rettungsfloß zumindest für eine kurze Zeit mit den Bewohnern auf den Wellen treiben können.

Da man Spiekeroog auch mit »Speicherinsel« übersetzen könnte, hält sich immer noch ein vages Gerücht, dass der verrufene Pirat Störtebeker vielleicht doch Schätze auf der Nordseeinsel versteckt haben könnte. Verbrieft ist dagegen ein Überfall von Wassergeusen, niederländischen Aufständischen gegen die Spanier, mit drei Schiffen im Jahre 1570, bei dem sie die zwölf hier lebenden Familien ausplünderten.

Eine Besonderheit der Insel, Realität und keine Legende, ist die 1864 gebaute und von einem kräftigen Kaltblüter gezogene 1-PS-Pferdebahn, die immer noch Gäste und deren Gepäck auf

PROMINENT Der berühmteste Langerooger ist deutlich über 100 Jahre alt und natürlich längst im Ruhestand. Ein Wasserwerk ersetzt den Wasserturm schon seit Langem. Den besten Ausblick über die Insel bietet er immer noch. WINTERVERGNÜGEN Klare Luft, Ruhe, Entspannung und einsame Spaziergänge am Strand von Langeoog

dem 1,2 Kilometer langen Schienenweg zwischen Bahnhof und Weststrand transportiert. Immerhin ist die grünste, mit Wäldern und Krähenbeerheide bewachsene Ostfriesische Insel schon seit mehr als 200 Jahren offizielles Seebad. Die Wittdün (weiße Düne), gleich nördlich vom Inseldorf, ist mit 24,1 Meter Ostfrieslands höchste Erhebung.

»Ein Schiff wird kommen ...« – Lale Andersen auf Langeoog

Auch die anschließende Insel Langeoog (Friesisch für lange Insel) hat mit der 20 Meter hohen Melkhörndüne ihren eigenen ostfriesischen Mount Everest. Die Aussichtsplattform bietet eine tolle Rundsicht über die Insel, ihre 14 Kilometer langen Sandstrände und das Brutgebiet von Herings- und Silbermöwen.

Auf Langeoog ist Lale Andersen zur Legende geworden. Die 1905 als Liese-Lotte Helene Berta Bunnenberg in Lehe bei Bremerhaven geborene Sängerin und Schauspielerin hatte 1939 mit dem Lied *Lili Marleen* einen sensationellen Erfolg. Das Lied über einen Wachsoldaten wurde auf beiden Seiten der Front gehört und verkaufte sich mehr als zwei Millionen Mal. Als der Text vom NS-Regime als morbid und depressiv gebrandmarkt wurde, fiel sie in Ungnade.

Hinzu kam, dass sie abgelehnt hatte, das Warschauer Ghetto zu besichtigen. Später wurde ihr Auftrittsverbot gelockert, doch sie zog sich nach Langeoog zurück und blieb in ihrem »Sonnenhof« bis zur Ankunft kanadischer Truppen 1945. Nach ihrem Tod 1972 in Wien wurde die Urne mit ihrer Asche auf dem Dünenfriedhof Langeoog beigesetzt. *Jan von Norderney, Ein Schiff wird kommen, Die Fischer von Langeoog* oder *Was ist ein Strand ohne Wind und Meer* zeigen ihre Verbundenheit mit der See und den Küstenlandschaften. Zum 100. Geburtstag am 23. März 2005 wurde unterhalb des Wasserturms ein Bronzestandbild der an eine Laterne gelehnten Künstlerin enthüllt.

Baltrum und die Geschichte von Tjark Evers

Gerade einmal 6,4 Quadratkilometer misst Baltrum, die kleinste Schwester der Inselfamilie. Wanderer umrunden das nur fünf Kilometer lange und maximal eineinhalb Kilometer breite Eiland in kurzer Zeit. Straßennamen sind hier unbekannt, es gibt nur Hausnummern. Kein Wunder, dass Baltrums Spitzname »bald rum« lautet. Da es sich nicht lohnt, gibt es auf Baltrum nicht einmal einen Fahrradverleih. Dafür aber jede Menge Bollerwagen, in denen Kind und Einkäufe transportiert werden, nach dem Motto: »Wenn dich deine Kinder plagen, leih' dir einen Bollerwagen!« Baltrum, genauer gesagt der Sand der Strände und der Sandbänke, ist noch immer in Bewegung. Wegen der Sanddrift durch die Meeresströmungen und wegen des Flugsandes mussten Dorf und Kirche im Laufe der letzten 400 Jahre mehrfach nach Osten verlegt werden. Die Seehunde, die sich auf den Sandbänken tummeln, stört das nicht. Doch mit den Sandbänken verbindet sich auch die traurige Geschichte vom Baltrumer Tjark Evers. Der 20-jährige Matrose wurde schon kurz nach seinem Tod im Watt zur Insellegende. Er besuchte die Navigationsschule auf dem Festland, nicht weit von Aurich, und wollte am 23. Dezember 1866 mit einem befreundeten Langeooger nach Baltrum übersetzen, um seine Eltern mit einem Besuch zu Weihnachten zu überra-

BERÜHREND Seit 2015 erinnert das Denkmal in den Dünen von Baltrum an das Schicksal von Tjark Evers. Seine berührende Geschichte ist in die wie hingeworfenen Sandsteinquader gemeißelt.

schen. Dichter Nebel machte die Navigation für die Bootsleute schwierig. Erst setzten sie den Langeooger am Strand seiner Insel ab, dann Tjark Evers am Baltrumer Strand. Als das Boot wieder im Nebel verschwunden war, bemerkte der, dass er sich gar nicht auf Baltrum, sondern auf einer Sandbank befand. Die Flut stieg immer höher und Tjark wurde klar, dass es für ihn keine Rettung gab. Das letzte, was ihm noch blieb, war ein Abschiedsbrief an seine Lieben, denen er in sein Notizbuch schrieb: »Liebe Mutter! Gott tröste Dich, denn Dein Sohn ist nicht mehr. Ich stehe hier und bitte Gott um Vergebung meiner Sünden. Seid alle gegrüßt. Ich habe das Wasser jetzt bis an die Knie, ich muss gleich ertrinken, denn Hülfe ist nicht mehr da. Gott sei mir Sünder gnädig.« Das Buch legte er mit einer Notiz an mögliche Finder in eine Zigarrenkiste, die eigentlich als Geschenk für die Familie gedacht

AUFLAUFENDES WASSER Die Zigarrenkiste mit Brief, Notizbuch und Bleistift von Tjark Evers sind im Museum Altes Zollhaus auf Baltrum ausgestellt.

war. Nach einer guten Woche wurde die in Wangerooge an Land getrieben, von Tjark Evers gab es keine Spur. Nur den Brief, der Besuchern im Museum Altes Zollhaus auf Baltrum heute noch die Augen feucht werden lässt.

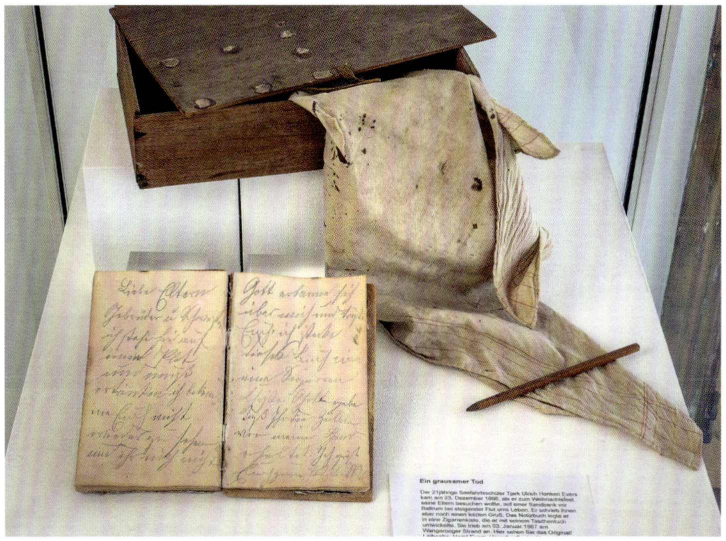

Norderney, die »Königin der Nordsee«

Die jüngste unter den sieben Ostfriesischen Inseln entstand, als die zweite Marcellusflut im Januar 1362 die zwischen Juist und Baltrum gelegene größere Insel Buise in zwei Teile zerbrach. Der westliche Teil verschwand in der Petri-Flut von 1651, der östliche Teil tauchte als »Norder neye Oog« (Nordens neue Insel) auf den Karten im 16. Jahrhundert auf. Gleichzeitig ist sie das älteste, 1797 gegründete deutsche Nordseebad, das noch heute mit seinen eleganten Gründerzeitbauten besticht. Mit der Walter-Großmann-Düne von gut 24 Metern kann auch Norderney einen der höchsten »Berge« von Ostfriesland vorweisen.

»Gar besonders wunderbar wird mir zumute, wenn ich allein in der Dämmerung am Strande wandle – hinter mir flache Dünen, vor mir das wogende, unermessliche Meer, über mir der Himmel wie eine riesige Kristallkuppel – ich erscheine mir dann selbst sehr ameisenklein, und dennoch dehnt sich meine Seele so weltenweit«, schwärmte Heinrich Heine, der von 1825 bis 1827 die Sommer auf Norderney verlebte. Über die Bewohner fand er wenig schmeichelhafte Worte. Auch der viel gerühmte Tee unterschied sich für ihn nur durch den Namen von gekochtem Seewasser. Das scheint man ihm inzwischen verziehen zu haben, zumindest ziert seit 1983 ein Denkmal des Poeten den Platz vor dem Kurtheater.

Auch Theodor Fontane hatte eine verbriefte Beziehung zu der Insel. Leider nur eine unvollendete, denn der Roman *Die Likedeeler* blieb ein Fragment. In den Jahren 1880, 1882 und 1883 reiste der Schriftsteller zur Recherche (und Sommerfrische) nach Norderney. Ihn interessierten vor allem die Rivalitäten zwischen den friesischen Stammeshäuptlingen, die den Likedeelern, den Seeräubern, im 14. Jahrhundert nach ihrer Vertreibung aus der Ost- in die Westsee den benötigten Freiraum und Rückzugsort gewährten.

In ihrer Vorliebe für Norderney befanden sich die Literaten in illustrer Gesellschaft: Auch Wilhelm von Humboldt, Otto von Bismarck oder Reichskanzler Bernhard von Bülow waren von der entspannten und kultivierten Atmosphäre der Insel angetan.

Juist, das Zauberland

Die zweite von links in der ostfriesischen Inselkette ist mit 17 Kilometern Länge, aber nur 500 bis 900 Metern Breite nicht viel mehr als ein schmaler sandiger Streifen. Der entfaltet besonders bei Ebbe, wenn beim Billriff im Südwesten sandiges Watt und Nordsee aufeinandertreffen, seinen besonderen Zauber. Fragt man einen Insulaner, so ist Juist »die schönste Sandbank der Welt«. »Töwerland«, abgeleitet vom friesischen Wort für Zauber, lautet denn auch der Spitzname des Strand-und-

Dünen-Eilandes. Und zauberhaft ist sicherlich, dass man von jedem beliebigen Ort auf der Insel in spätestens fünf Minuten an einem der Strände ist. Nicht mit dem Auto, sondern zu Fuß, denn auf Juist herrscht absolutes Autoverbot. Sämtliche Transporte finden mit Pferd und Kutsche statt, ganz so wie einstmals. Immerhin ist, anders als auf Langeoog, das Fahrradfahren auf Juist nicht verpönt.

Auffällig sind hier die üppigen Sanddornsträucher, die auch an anderen Küsten des Nordens zu Hause sind. Sie sehen knorrig aus, geradezu wehrhaft, und viele meinen, dass die knallorangen Sanddorn-Beeren in einer Vase eine prima Dekoration sind. Doch man sollte sie nicht unterschätzen, die kleinen, herb schmeckenden Früchte haben es in sich. Vitaminbomben werden sie auch genannt, sie enthalten mehr Vitamin C als Zitronen oder Orangen. Im Norden hat man das längst erkannt, und so gibt es Sanddorn für viele Lebenslagen. Für die wunderbare und nicht zu süße Sanddorntorte lassen viele alle anderen Gebäckstücke stehen. Sanddorn-Konfitüre zum Frühstück ist mit Zucker angereichert, der pure fruchtig-säuerliche Saft eher nicht. Es gibt, sehr geschätzt an stürmisch kühlen Tagen, heißen Sanddorn-Grog mit einem Schuss Rum oder leckeren Sanddorn-Likör. Und selbst bei Sonnenbrand oder Neurodermitis wirkt der Sanddorn, allerdings nicht durchs Trinken, doch immerhin beim Auftragen von entsprechenden Cremes, Lotionen oder Hautölen.

STURMGEBOREN Die Sturmfluten des Mittelalters ließen Inseln verschwinden, andere, wie Norderney wurden von ihnen geformt. Der dichte Bewuchs von Strandhafer gewährt heute etwas mehr Schutz.
LEBENSELIXIER Sanddorn wächst an vielen Küsten, auch auf Juist. Ähnlich wie der Zaubertrank des Druiden Miraculix hilft die Frucht als Saft oder in anderer Form bei allerlei Wehwehchen.

Eine Legende, bei der die Juister nicht besonders gut abschneiden, gibt es in abgewandelter Form auch an anderen Orten der Nordseeküste. Anders als die Bewohner von Norderney, die als Fischer den gleichen Beruf ausüben wie der heilige Petrus, und auch anders als die rechtschaffenen Bauern von Borkum haben die Bewohner von Juist angeblich im Himmel nicht den besten Ruf. Böse Zungen meinen, dass der Strandraub auf Grund gelaufener Schiffe, für den die Juister berüchtigt waren, dabei eine Rolle spielt. Denn nicht immer, so heißt es, unterschieden sie deutlich zwischen angeschwemmtem Strandgut und dem Strandraub aus Schiffen mit noch lebenden Besatzungsmitgliedern. Wie über die Amrumer (siehe Seite 33), erzählt man sich also auch hier die Geschichte, zwei Juister hätten sich am Himmelswächter Petrus vorbei heimlich in den Himmel

7. LÄNGENGRAD Im Süden durchquert er die Sahara. Im Norden die Insel Juist, wie auf der Seebrücke oder der Strandpromenade.
DÜSTER Im Herbst kann sich die See auch von ihrer rauen Seite zeigen. Dunkle Regenwolken lassen das bewegte Meer in metallischem Grau erscheinen.

geschlichen. Petrus gefiel das gar nicht, er durfte sie aber nicht vertreiben. Da griff er zu einer List und schrie »Schipp an Strand! Schipp an Strand!«, woraufhin die Juister aufgeregt und gierig zur Himmelstür hinausjagten – und nie mehr im Paradies gesehen wurden.

Übrigens kam es erst 1861, als der Seebadtourismus an der Küste aufblühte, auf den Ostfriesischen Inseln zur Gründung der Deutschen Gesellschaft zur Rettung Schiffbrüchiger.

Borkum – Lieber tot sein als ein Sklave

Ihr weißer Sandstrand und das Hochseeklima mit nahezu pollenfreier Luft machen sie besonders attraktiv. Die westlichste der sieben ostfriesischen Inseln gehört zu den beliebtesten Urlaubszielen der Region. Doch Borkum besitzt auch eine bewegte Geschichte und zahlreiche Mythen und Sagen. Der friesische Wahlspruch »Lever duad as Slav« findet sich eingeschnitzt in den massiven Balken über den Türen vieler Borkumer Häuser, aber auch der Wappenspruch der Insel »Mediis tranquillus in undis«, also »Ruhig inmitten der Wogen«. Das deutet auf eine kämpferische Tradition hin und darauf, dass die Insulaner auch in schwierigen Situationen nicht die Nerven verlieren.

Ganz weit draußen, 30 Kilometer vor der Küste, liegt die mit 36 Quadratkilometer Fläche größte der Ostfriesischen Inseln. Im Heimatmuseum Dat Dykhus wird ihre eindrucksvolle 300-jährige Geschichte aufgeblättert: Während der Hansezeit gehörte Borkum zu den Rückzugsorten der Likedeeler genannten Seeräuber. In der eigens errichteten Wal-Halle des Museums können Besucher das echte, 15 Meter lange Skelett eines einstmals 35 Tonnen schweren Pottwals bestaunen. Bis zum Ende des 18. Jahrhunderts lebten die Einwohner Borkums nahezu ausschließlich vom risikoreichen Walfang, von hier stammten viele erfolgreiche Kommandeure und Harpuniere, insbesondere auf holländischen Schiffen. Es ist schwer, auf Borkum jemanden zu finden, der nicht auch Walfänger zu seinen Vorfahren zählt. Als eindrucksvolles Relikt aus diesen Zeiten trotzt ein Zaun aus Walfisch-Kieferknochen im Zentrum des Inselortes bis heute dem ostfriesischen Wetter. Auf der größten ostfriesischen Insel scheint schon so manche unglaubliche Geschichte passiert zu sein.

Die listige Frauke

Der Schwarze Rolf, ein gefürchteter Pirat, war geheimnisumwittert und praktisch nicht zu besiegen: Da er angeblich nicht geboren worden war, konnte man ihn auch nicht töten. Borkum hatte er noch nicht überfallen, doch als alle Männer auf den Walfangschiffen weit weg auf hoher See unterwegs waren, hielt er die Gelegenheit für günstig, Versäumtes nachzuholen, und setzte die Segel seines Flaggschiffs »Fressender Wolf«. Jedem seiner Besatzungsmitglieder stellte er frei, ein Haus zu plündern, mit der Frau des Walfängers darin als zusätzlicher Beute. »Für mich ist die blonde Frauke reserviert«, rief er dem wilden Haufen zu. Als die Frauen das Schiff der Piraten unter vollen Segeln sahen, jam-

merten sie und beklagten ihr Schicksal. Nur Frauke lachte und befahl: »Zieht euch Sonntagshosen eurer Männer an und macht die Kanone klar!« Als die verwirrten Piraten nun doch bewaffnete Männer an Land auszumachen schienen und eilig ihre Schiffsgeschütze herrichten wollten, war es schon zu spät. Ein Volltreffer schon mit der ersten fünfpfündigen Kugel ließ das Steuer zersplittern, und dann ging es Schlag auf Schlag. Nach einer Stunde Bombardement hissten die Piraten die weiße Flagge. Einzeln mussten sie an Land gehen und wurden in den Turm gesperrt. Der Schwarze Rolf war außer sich, »getäuscht und gefesselt von einem Weib«. Er wand sich vergeblich in den soliden Hanfstricken und musste zusehen, wie sein »Fressender Wolf« abbrannte. Die Frauen hatten List bewiesen und Stärke gezeigt. Frauke jubelte: »Was wir uns verdienten, gibt keine heraus. Wir tragen auch weiter die Hosen im Haus!«

Es scheint, als ob in Borkum hinter jeder Düne ein neue Legende lauert. In einer anderen Geschichte ist von einem Borkumer Riesen die Rede, einem urtümlichen Ungeheuer, das tief im Wasser vor der Küste haust. Ganze Schiffe hätte es bereits verschlungen. Die erbarmungswürdigen Seeleute dieser Schiffe können nicht mehr davon berichten, doch es gibt genug andere, die davon erzählen und sich dabei gegenseitig überbieten, wie sie

PIRATENSCHATZ Irgendwo in den Dünen auf Borkum soll der Sage nach der Schatz des Freibeuters Klaus Störtebeker vergraben sein.

es gerade so geschafft haben, der Bestie in der aufgewühlten See zu entwischen. Auch von Drachen wird erzählt, aber nicht von den Lenkdrachen, die beim Borkumer Drachenfest am Nordstrand wilde Kapriolen in der Luft veranstalten. Ein richtiger Drache soll es gewesen sein, der die Borkumer einst in Angst und Schrecken versetzte. Erst als er unbedacht in einen Brunnen stürzte und ertrank, war die Insel von der Plage erlöst.

Ein martialischer Brauch

In der Nacht vom fünften auf den sechsten Dezember geht es in Borkum darum, der Welt zu beweisen, dass Männer immer noch das Sagen haben. Dann ziehen sich sechs Auserwählte, die volljährig und ledig sein müssen, merkwürdige Dinge an: Sie tragen ein weißes Hosenkostüm mit roten Streifen, vor allem aber setzen sie sich im Schuppen der Inselbahn ungeheuer schwere Masken aus Schafsfellen, Möwenflügeln und anderen Federn auf und verwandeln sich so zum »Klaasohm«.

Nach einer Stunde stürmen die wilden Gesellen nach draußen, empfangen von Dutzenden Schaulustigen. Tanzend und mit Gejohle geht es durch den Ort, immer auf der Suche nach jungen ledigen Frauen, um sie zu kneifen oder um ein Kuhhorn auf deren Hintern sausen zu lassen. Die »mutierten Nikoläuse« schlagen heutzutage nicht mehr richtig zu, blaue Flecken kann es trotzdem geben. Geschlagene bekommen zum Trost ein Stückchen Moppe, einen Lebkuchen. Auch verheirateten und älteren Frauen wird das Spektakel mit einem Lebkuchenstück versüßt. Entstanden ist der einzigartige und eigentümliche Brauch wohl im 18. Jahrhundert, als Borkums Männer noch monatelang auf Walfang gingen und meinten, die Insel nach ihrer Rückkehr von den Frauen zumindest symbolisch zurückerobern zu müssen. Nach einem letzten Showdown mit wildem Getobe auf dem zentralen Platz ist das Spektakel mit Jagen, Verstecken, Trinken und Tanzen vorbei, zumindest für ein Jahr.

Störtebekers Beute in der Walddüne

Der arme Onnen Visser war Halbwaise. Seinen Vater hatte eine Woge mitten im Atlantik über Bord gerissen und seine Mutter lag die meiste Zeit krank im Alkoven. So musste er schon jung arbeiten, um wenigstens etwas Geld nach Hause zu bringen. Eines Tages, er hatte gerade den Strand nach angeschwemmtem Gut abgesucht, hörte er ein silberhelles Lachen und ein Grummeln. Das sah er den alten Meergott Ekke Nekkepenn mit seinen jüngsten Töchtern Ball spielen. Es gab also doch Seewiefken, Meerweibchen mit einem Fischschwanz statt Beinen! Plötzlich flog ihm der golddurchwirkte Ball vor die Füße. »Den kann ich gut verkaufen und habe dann etwas Geld«, dachte der Junge. Doch die Nixe versprach, ihm das geheime Versteck von Störtebekers Piratenschatz zu verraten, wenn er den Ball herausrückte. Am nächsten Tag kam sie mit einem Brett, das wie ein Schatzplan aussah. »Merke dir alles schnell! Ich muss den Plan zurückbringen, bevor mein Vater etwas merkt.« Onnen prägte sich den Lageplan ein, der Schatz sollte in den Walddünen von Borkum vergraben sein. »Hier sind zwei Schneckenhäuser«, sagte die Meerjungfrau, »halte eine an jedes Ohr. Dann wirst du den genauen Ort im Wald erfahren.« In der nächsten Nacht machte sich Onnen auf den Weg. Doch die Plauderei des Seewiefkens war verraten worden. Ein Zwerg war schon dabei, zusammen mit Kaninchen die goldenen Schätze aus dem Wald an einen sicheren Ort zu bringen. Wie ein Sturm fuhr Onnen dazwischen und konnte noch schnell einen Seesack mit allerlei Gold und Geschmeide füllen. Mit seiner Mutter fuhr er alsbald nach Emden und kaufte ihr ein schönes Haus. Für die Armen im Ort, vor allem aber für die Schifferwitwen und -waisen hatten sie stets eine Gabe zur Hand.

*» Der Wind weht, wo er will;
du hörst sein Brausen,
weißt aber nicht,
woher er kommt und
wohin er geht. «*

Evangelium des Johannes 3,8

WANDERNDE DÜNEN Wenn der Wind über die Dünen bläst, führt er winzige Sandkörner mit sich. Wird kein Strandhafer gepflanzt, entwickelt sich eine Wanderdüne, die sich im Jahr mehrere Meter weiter bewegen kann.

DÜNENSTILLSTAND Strandhafer und Strandroggen machen mit ihren Wurzeln den Untergrund fester, Silbergras siedelt sich an, schließlich gedeihen auch Kriechweiden und Zwergsträucher, die nicht so resistent gegen Salzwasser sind. Jetzt können sich Häuser hinter bewachsenen Dünenhügeln verstecken. ▽▽

WEHRHAFT Salzhaltige Dünen in Küstennähe sind der Stranddistel das Liebste. Derbe stachlige Blätter halten hungrige Vegetarier auf Distanz. Ihre amethystblauen Blüten könnten Schönheitspreise gewinnen.

ZITRONE DES NORDENS Nicht mit seinem Aussehen, sondern wegen seines hohen Vitamin-C-Gehalts hat sich der Sanddorn seinen Spitznamen verdient. Im Herbst sind die kleinen orangegelben bis roten eiförmigen Früchte reif, die auch als Gewürze, für Getränke oder in Pflegeprodukten Verwendung finden.

» Das Wasser steigt zum Himmel
Und wallt dort hin und her.
Da gibt es ein Gewimmel
Von Wolken grau und schwer.
Die Wolken werden nasser
Und brechen auseinand',
Und wieder fällt das Wasser
Als Regen auf das Land. «

Krüss: Das Wasser

WIE GEMALT Das hölzerne Fundament eines Strandpavillons kontrastiert zu den hellen, sonnenbeschienenen Wolken über Norderney. Der Wind hat gerade die Regenwolken beiseitegeschoben.

SEGLERROMANTIK »Kein neumodischer Kram.« Im Hafen von Spiekeroog ist ein traditioneller Segler vertäut.

WEITER BLICK Teppiche mit winzigen Blüten von Moosen und Gräsern dekorieren im Sommer die endlos scheinenden Salzwiesen.

WENN EIN SCHWERES GEWITTER über dem Nationalpark Wattenmeer niedergeht, kann sich der Himmel in wenigen Minuten verdunkeln. ▽▽

*» Das Meer sah jeden Tag anders aus
und blieb sich darin bis in Ewigkeit gleich.
Solange es das Meer gab,
war die Welt nicht elend. «*

Sten Nadolny:
Die Entdeckung der Langsamkeit

ZARTFINGRIGE MORGENRÖTE lässt einen sonnig-kalten, vielversprechenden Wintertag erwarten.

DRAMATIK AM HIMMEL Die Dünen am Strand von Schillig
DER WIND kennt keine Pause. Doch das Strandgras hat sich fest im Boden verankert. ▽▽

Eine Titel-Story

Die Wetterprognose für den Abend des 1. August 2021 verspricht einen Wechsel aus Sonne, Wolken und Regen. Für einen Landschaftsfotografen sind das ideale Wetterbedingungen, um mit der Kamera eindrucksvolle Lichtstimmungen an der Nordsee einfangen zu können.

Nach gut 30 Kilometern Fahrt von meinem Heimatort Sande in Friesland erreicht man den Ort Schillig im Wangerland. Der kurze Fußweg zum Strand ist nicht weit.

Ich bin wieder dort angekommen, wo die Dünen, der freie Blick auf das Meer und das besondere Licht am Strand den Ort zum persönlichen Ankerplatz an der Nordsee machen. Andere Menschen sagen zu einem solchen Platz wohl auch »Kraftort«. Hier zieht es mich hin, von Frühling bis Winter, bei Sonnenschein, Regen und Sturm.

Hier kann ich das Salz in der Luft schmecken, im Sommer barfuß durch den weißen Sand laufen oder mir im Herbst den Wind um die Ohren wehen lassen. Nachdenken, meditieren, träumen oder einfach nur mit meiner Frau in den Dünen sitzen und bei einem Matjesbrötchen aufs Meer hinausschauen und dem Meeresrauschen lauschen.
Die weite See erinnert mich an meine erste Frau, mit der ich zwei Kinder habe. Sie fand dort draußen ihre letzte Ruhe.

Heute Abend spiegeln sich bei Ebbe und Möwengeschrei im goldenen Schein der langsam untergehenden Sonne mächtige dunkle Wolken in den Pfützen und Prielen. Im Wattenmeer sind die Seevögel wieder auf der Suche nach Nahrung. Genauso wie die noch verbliebenen Fischer, voller Zuversicht, die Fangnetze ihrer Krabbenkutter zu füllen. Am Horizont vor Schillig ziehen die großen Frachter und Containerschiffe vorbei auf dem Weg in alle Welt. Ein junges Paar nutzt zwischen den angespülten Muscheln am Ufersaum den Augenblick des Abends als Hintergrund für ein Selfie mit dem Smartphone.

Ja, der Strand in Schillig ist ein sehr lebendiger und ein sehr ruhiger Ort zugleich. Das Titelbild des Buches musste für mich eine Aufnahme aus Schillig sein.

Für den Buchtitel haben der Verlag und ich gemeinsam eine eher mystische Bildwirkung ausgewählt. Diese Bildstimmung gibt meinen Fotografien ihre Charakteristik. Heute entstehen mit großer Leidenschaft überwiegend puristische, authentische Landschaftsfotografien von der Schönheit und Einzigartigkeit der Natur. Mit meinen Bildern möchte ich die Menschen und ihre Wahrnehmung sensibilisieren und somit zum Erhalt der Natur beitragen.

So kommt es auch nicht von ungefähr, dass mich die Bildagentur Lookphotos in München »Der nostalgische Poet« nennt. Das beschreibt treffend meinen fotografischen Stil, denn meine zumeist minimalistische Bildsprache ist geprägt von der eher rauen und kargen Landschaft der deutschen Nordseeregion.

Landschaftsaufnahmen fotografiere ich immer nur mit dem verfügbaren Licht. So ist es auch an diesem Sonntagabend. Das Stativ im Sand zwischen den wehenden Dünengräsern positioniert, lasse ich eine Lücke für eine freie Sicht auf das Wattenmeer unter beeindruckenden Wolken. Die Inseln Wangerooge und Minsener Oog liegen am Horizont. ISO 100, Blende 5.6 und eine Belichtungszeit von 1/25 Sekunde sind nach meinem Empfinden die richtige Wahl. Mit dem Druck auf den Auslöser meiner treuen aber inzwischen ausgemusterten Nikon D800E entsteht ein weiteres Landschaftsbild von der Nordsee. Das Bild, welches es auf die Titelseite meines ersten Buches geschafft hat.

Axel Ellerhorst

QUELLENVERZEICHNIS

Eva Becker, Britta Mentzel, Axel Pinck, Barbara Rusch, *Das Reisebuch Deutschland,* München, Bruckmann-Verlag, 2021
Dietmar Damwerth, *Sagen und Märchen aus Ostfriesland,* Husum-Verlag, 2014
Willi und Ursula Dolder, *Nordseeküste und Wattenmeer,* Zürich, Silva-Verlag, 1985
Axel Pinck, *Sylt, Zeit für das Beste,* München, Bruckmann Verlag, 2017
Axel Pinck, *Glücksmomente auf Sylt,* München, Bruckmann Verlag, 2021
Karolin Küntzel, Spukgeschichten aus Schleswig-Holstein, Berlin, Steffen-Verlag, 2016
Alexander Jürgens, *Schleswig-Holstein,* München, ADAC Reiseführer, 2015
Ostfriesische Inseln und die Küste Ostfrieslands, Hamburg, Merian, Verlag Hoffmann und Campe 1957
Ostfriesland und seine Inseln, Hamburg, Merian, Verlag Hoffmann und Campe, 1972
Sylt-Amrum-Föhr, Hamburg, Merian, Verlag Hoffmann und Campe, 1975

ONLINE

abendblatt.de; amrum-news.de; bad-zwischenahn.de; biike.de; borkum-muss-sehen.de; borkum.de; boyens-medien.de; cuxhaven-neuwerk.de; cuxhaven-seiten.de; deichkirche.de; der-insellaeufer.de; die-gruene-insel-foehr.de; die-nordsee.de; dithmarschen.de; dornum.de; echt-dithmarschen.de; friesenportal.de; gemeinde-butjadingen.de; greetsiel.de; hallig-hooge-urlaub.de; husum-tourismus.de; insel-sylt.de; inselrundgang.de; juist-bilderbuch.de; juist-stiftung.de; kirche-meldorf.de; langeoog.de; leer.de; library.oapen.org; lueersen.homedns.org; maerchensammler.wordpress.com; mare.de; minjeverland.de; moin-von-wangerooge.de; ndr.de; neuharlingersiel.de; nolde-stiftung.de; nordfriiskfutuur.eu; nordleda.de; nordseey.de; nordwestreisemagazin.de; nwzonline.de; olde-tieden.de; ostfriesen-info.de; ostfriesischelandschaft.de; ostfriesland.de; ostfriesland.travel; ostfrieslandreloaded.com; planet-wissen.de; platt-wb.de; plytenbergschule-leer.de; presseportal.de; prezi.com; projekt-gutenberg.org; roterhaubarg.de; ruestringer-heimatbund.de; sagen-und-geschichten.de; sagen.at; schleswig-holstein.de; schleswigholstein24.com, schlosssspross.de; schwarzaufweiss.de; silo.tips; spiekeroog.de; spo-eiderstedt.de; stadtgeschichte-friedrichstadt.de; sylt.de; teetied-ostfriesland.de; touristik-leer.de; unser-carolinensiel.de; visitcuxhaven.de; wangerland.de; wasserundeis.com; weser-kurier.de; wilhelmshaven-touristik.de, wremer-chronik.de; zobodat.at

SURREAL Die Überreste des Alten Eckwarderhörner Fähranlegers am Wasserzugang zum Jadebusen ähneln im Gegenlicht unwirklichen Toren ins Nirgendwo ▽▽

DIE SCHÖNSTEN SAGENORTE
AN DEUTSCHLANDS NORDSEEKÜSTE
0
20 km
N
NORDSEE
Deutsche
Bucht
DÄNEMARK
NIEDER-
LANDE
LEUCHTTURM LIST WEST
LEUCHTTURM LIST OST
Königshafen
List
Sylt
Wenningstedt
ST. SEVERIN
Westerland
KAPITÄNSHAUS MÜHLENHOF
Keitum
MORSUM-
KLIFF
Neukirchen
Rantum
LEUCHTTURM HÖRNUM
Hörnum
ST.-LAURENTII-
KIRCHE
LEMBECKS-
BURG
Wyk
Föhr
Niebüll
Leck
Dagebüll
FRIEDHOF VON ST. CLEMENS
SPRECHENDE GRABSTEINE
Nebel
Amrum
LEUCHTTURM
AMRUM
HAUKE-HAIEN-KOOG
PETERSWARFT
Bredstedt
Hallig
Langeness
KIRCHWARFT
Hallig
Hooge
Wattenmeer
ST. SALVATOR
Pell-
worm
Nord-
strand
VERSUNKENES
RUNGHOLT
Hallig
Süderoogsand
Hallig
Südfall
Husum
ROTER HAUBARG
ST. STEPHANUS
Witzwort
LEUCHTTURM
WESTERHEVERSAND
Westerhever
HERRENHAUS
HOYERSWORT
Friedrichstadt
Ording
Katharinen-
heerdt
Tönning
MALEENS KNOLL
ST. KATHARINA
St. Peter-
Ording
EIDERWATT
Handewitt
Flensburg
Glücksburg
Tarp
Schuby
Schleswig
Kropp
Erfde
Rendsburg
Eider
LANGE ANNA,
LUMMENFELSEN
Düne
Helgoland
Wesselburen
Heide
Blauort
Tertius
Büsum
Albersdorf
Nord-Ostsee-Kanal
Meldorf
Hademarschen
Meldorfer
Bucht
Trischen
Schenefeld
Friedrichskoog
Burg
(Dithmarschen)
St. Michaelis-
donn
Marne
Itzehoe
Scharhörn
zu Hamburg
Neuwerk
Brunsbüttel
Wilster
ALTE LIEBE
Cuxhaven
Elbe
FINKENMOORTEICH
LEUCHTTURM
DICKE BERTA
Nordholz
Otterndorf
Glückstadt
ST. NICOLAI
LEUCHTTURMDENKMAL
OBEREVERSAND
KLOSTERHOF
Nordleda
Elmshorn
HAFEN
Wischhafen
Oste
Wattenmeer
Dornum-
Neufeld
Drochtersen
Uetersen
LEUCHTTURM
KLEINER PREUSSE
BÜLZENBETT
Hemmoor
Wremen
LANGWARDER
GRODEN
Bad
Bederkesa
Lamstedt
PINGELTURM MIT
NEBELGLOCKE
Burhave
Stade
Wedel
Bremerhaven
ALTER HAFEN
Nordenham
Bremervörde
Loxstedt
Beverstedt
Harsefeld
Gnarrenburg
Weser
Brake
Oste
Zeven
Osterholz-
Scharmbeck
Sittensen
Elsfleth
Worpswede
Ritterhude
Berne
Scheeßel
Bremen
TJARK-EVERS-DENKMAL,
MUSEUM ALTES ZOLLHAUS
Spiekeroog
Wangerooge
Langeoog
Norderney
Minsener
Oog
Baltrum
SIELHOF
Harlesiel
Minsen
DER 7.
LÄNGENGRAD
Juist
Neßmersiel
Bensersiel
Neu-
harlingersiel
HL.-KREUZ-
KIRCHE
SERIEMER MÜHLE
Werdum
Dornum
Esens
BURG EDENSERLOOG
Borkum
Norden
BENINGABURG,
WASSERSCHLOSS
NORDERBURG
ST.-FLORIAN
Funnix
Hooksiel
POLDERLANDSCHAFT
ZWILLINGS-
MÜHLEN
Marienhafe
Wittmund
Jever
KAISER-WILHELM-
BRÜCKE
PILSUMER LEUCHTTURM
Greetsiel
STÖRTEBEKER-
TURM
Wilhelmshaven
MANNINGABURG
Pewsum
Aurich
Ems-Jade-Kanal
LEUCHTTURM ARNGAST
Jade-
busen
Hinte
Wiesmoor
Ihlow
Bockhorn
Varel
Emden
MUSEUMS-
HAFEN
RATSDELFT
Jade
Hesel
Dollart
Westerstede
PLYTENBERG
Leer
Apen
Weener
Ems
Barßel
Bad
Zwischenahn
Oldenburg

FOTOGRAF UND AUTOR

Axel Ellerhorst ist ein Landschaftsfotograf von der Nordseeküste. Der »nostalgische Poet«, wie er wegen seiner Bildsprache gern genannt wird, fotografiert die Schönheit und Kraft der Natur. Seine Motive sind die Wälder, die Berge und das Meer, bevorzugt aufgenommen in den Nationalparks. Seine Leidenschaft bleibt das Fotografieren im Licht der rauen Küstenlandschaften.

Axel Pinck schreibt für bekannte Verlage, Hörfunk und TV. Er hat weit über 50 Bücher zu Reisezielen in Deutschland, Europa und Nordamerika publiziert. Für seine Reportagen zu gesellschaftlichen Themen in Magazinen und Zeitungen wurde er mehrfach mit Preisen ausgezeichnet. Zwischen seinen Reisen lebt er in seiner Geburtsstadt Hamburg.

IMPRESSUM

Verantwortlich: Susanne Then
Lektorat: Dr. Juliane Braun
Satz und Layout: VerlagsService Gaby Herbrecht
Korrektorat: Christiane Gsänger
Umschlaggestaltung: Kaj Ritter
Kartografie: Huber-Kartographie Heike Block
Repro: Ludwig:media
Herstellung: Bettina Schippel
Printed in Türkiye by Elma Basim

★★★★★

Sind Sie mit diesem Titel zufrieden? Dann würden wir uns über Ihre Weiterempfehlung freuen.

Erzählen Sie es im Freundeskreis, berichten Sie Ihrem Buchhändler oder bewerten Sie bei Onlinekauf. Und wenn Sie Kritik, Korrekturen, Aktualisierungen haben, freuen wir uns über Ihre Nachricht an Frederking & Thaler Verlag, Postfach 40 02 09, D-80702 München oder per E-Mail an lektorat@verlagshaus.de.

Unser komplettes Buchprogramm finden Sie unter

www.frederking-thaler.de

Alle Angaben dieses Werkes wurden von den Autoren sorgfältig recherchiert und auf den neuesten Stand gebracht sowie vom Verlag geprüft. Für die Richtigkeit der Angaben kann jedoch keine Haftung übernommen werden, weshalb die Nutzung auf eigene Gefahr erfolgt. Insbesondere bei GPS-Daten können Abweichungen nicht ausgeschlossen werden. Sollte dieses Werk Links auf Webseiten Dritter enthalten, so machen wir uns die Inhalte nicht zu eigen und übernehmen für die Inhalte keine Haftung.

In diesem Buch wird aus Gründen der besseren Lesbarkeit das generische Maskulinum verwendet. Weibliche und anderweitige Geschlechteridentitäten werden dabei ausdrücklich mitgemeint, soweit es für die Aussage erforderlich ist.

Bildnachweis:
Alle Fotos stammen von Axel Ellerhorst

Icons Welle und Windrose: shutterstock

Umschlagvorderseite: In den Dünen am Strand von Schillig
Umschlagrückseite: Lummenfelsen und die »Lange Anna« auf Helgoland

S. 1: Sonnenuntergang vor Neuharlingersiel
S. 2/3: Abendstimmung am Strand von St. Peter-Ording
S. 4/5: Kirchwarft auf Hallig Hooge
S. 6/7: Dünen auf Amrum
S. 8/9: Pfahlbau bei St. Peter-Ording
S. 10/11: Husumer Hafen im Abendlicht
S. 21/22: Sonnenuntergang vor Hallig Südfall. Etwa hier versank Rungholt im Meer.
S. 58/59: Ebbe am Strand von St. Peter-Ording
S. 82/83: Anleger Alte Liebe im Hafen von Cuxhaven
S. 106/107: Sonnenaufgang über dem Jadebusen mit Leuchtturm Arngast in der Ferne
S. 154/155: Am Strand auf Juist
S. 186/187: Der Kniepsand auf Amrum

Abdruck mit freundlicher Genehmigung von:
S. 32-33: Kirchengemeinde St. Clemens, Nebel; 50/51: Elke Boysen, Keitum; 63: Familie Ingwersen, Ockholm; 64, 65: Herrenhaus Hoyerswort, Alfred Jordy; 66, 67, 68, 69, 74, 75: Ev.-Luth. Kirchengemeinde Eiderstedt-Mitte; 70, 71: Landgasthof Roter Haubarg, Witzwort; 89: Ev.-luth. Kirchengemeinde Nordleda; 104/105: Gerd Liebezeit, Nordleda; 128, 129: Ev.-Luth. Kirchengemeinde Hlg.-Kreuz-Kirche, Hooksiel Pakens; 131, 132/133: Ev.-Luth. Kirchengemeinde Funnix; 135: Silke Hellberg, Dornum; 139: Verwaltungs GmBH, Dornum; 142: Heimatverein Krummhörn e.V., Pewsum; 144/145: Kurverein Neuharlingersiel e.V.; 146, 151: istock; 162-163: Museum »Altes Zollhaus«, Westdorf

Die Deutsche Nationalbibliothek verzeichnet diese Publikation in der Deutschen Nationalbibliografie; detaillierte bibliografische Angaben sind im Internet über http://dnb.d-nb.de abrufbar.

Infanteriestraße 11a
80797 München

ISBN 978-3-95416-401-1